Nothing

종교라는 문중에서 과감하게 뛰쳐나와야

자신과 만남이 시작된다.

바로 신과의 미팅이다.

Nothing

일요일 아침이다.

아침에 일어나자마자 다른 날과는 다르게 단정하게 옷을 입고 예배당으로 향한다.

그곳에 가면 나를 반겨 주는 친구들과 또 내 머리를 쓰다듬어 주면서 등을 다독거려 주는 사람들이 있었다.

나는 그런 분위기가 편안하고 좋아서 날마다 오고 싶을 정도로 일요일이 설레는 마음으로 기다려지고는 했다.

동요도 배우고 성경 공부도 재미있게 배우면서 좋아하는 일요일이 지나가지만 예배당에서 워낙 좋은 말들을 많이 듣고 배워서 친구에게도 욕이나 싸움도 하지 않았고 소원이 생기면 두 손을 모아서 눈을 감고 소원을 빌곤 했는데 그 소원이 이루어졌는지는 기억이 나질 않는다.

그렇게 하는 방법이 소원을 이루는 유일한 방법이라 믿고 있었기 때문에 비록 나이는 어렸지만 걱정되는 일이 생기면 보이지도 않고 볼 수도 없는 두 분 하느님, 예수님을 마음속으로 부르면서 부모나 형제들보다 더 의지할 수 있는 하늘 위의 두 분을 상상하면서 그분들께 내 마음이 전달되어 내 소원 기도가 이루어질 거라고 믿고 있었다.

나의 유년기 시절은 그렇게 지나가고 있었다.

몇 년이 흘러 열심히 공부하던 시기에는 어려서부터 내가 많은 기도를 해서 누구보다도 내 소원을 하늘 위에 있는 두 분(하느님, 예수님)이 꼭 들어주리라 생각하면서 더욱 모범적이고 착하게 열심히 공부했다.

장차 내가 커서 큰 사람이 되어 많은 사람을 위해서 일하고 싶은 마음도 생겨났다.

집안 분위기가 어떻게 되어 가는지도 모르면서 말이다.

아버지는 배우실 만큼 배운 분이었지만 자식들 교육에는 관심이 없었던 반면 어머니는 열성적이셨다.

새벽 기도를 다녀온 후에는 내 머리에 손을 얹고 복음을 전하는 사명자가 되라는 축복기도를 수년간 해 주셨다.

처음에는 그 말뜻을 몰랐지만, 나중에는 종교인의 길을 가길 바랐음을 알게 되었을 때 내 마음에 갈등이 왔다.

나는 그쪽으로 가는 게 왠지 싫고 내가 원하는 일을 하고 싶었기 때문이다.

그래도 교회는 꾸준히 나갔다.

그곳에서 옛날이야기처럼 재미있게 성경 이야기를 해 주면 어찌나 재미있던지….

시간 가는 줄 몰랐고 어느 때는 내가 이야기 속 주인공이 되고 싶기도 했다.

하지만 나이를 먹어 감에 따라 나의 소원은 하늘 위에 있는 두 분께서 들어주질 않고 있다는 것을 깨달았을 때 실망감은 이루 말할 수 없었다.

두 분만 믿고 의지해서는 안 되겠다는 생각이 들어서 '그래 내가 뭐든지 열심히 해서 원하는 것을 이루어 보자.'라는 마음으로 나 자신에게 다짐을 했다.

엄마의 배 속 태아였을 때부터 사랑받지 못한 채 그냥 세상 밖으로 내던져졌기에 사랑 결핍증이 내 안에 있다는 것도 알게 되었다.

지금까지도 그런 생각이 내 안에 웅크리고 있는 걸 느끼곤 한다.

세상을 살면서 되는 일보다는 안 되는 일이 더 많고 좋은 일보다는 안 좋은 일이 더 많고 선한 일보다는 악한 일이 많다는 걸 알았다.

우리가 알고 있었던 사랑보다는 미움이 더 크고 악한 일이 힘이 더 세다는 것도 알았다.

사람들은 선과 악의 분별을 부모와 선생님들께 배우고 듣고 자라서 착하게 살아야 한다는 것은 알고 있을 것이다.

선과 악.

누가 구별해 놓았을까?

무엇이 선이고 무엇이 악인가.

이 말은 천국과 지옥을 분리한 것과 같다.

죄 속에는 미움, 시기, 질투 등등 좋지 않은 모든 것이 지옥의 표상이 되고 있다.

마음속에 이런 마음이 하나라도 없는 사람은 아마 없을 것으로 생각된다.

인간들의 천사 같은 미소 속에서도 미움이 있고 시기, 질투가 있다.

그것은 나타나지 않게 마음속에서 요동치다가 없어지기도 하고 다시 생겨나기를 반복한다.

이것 또한 사람들은 죄라고 알고 있다. 하지만 교회를 나가지 않고 예수를 믿지 않아도 지옥 갈 일은 없다.

악마나 귀신 그리고 마귀 같은 것들도 내 마음이 만들지 않았나 싶다. 또한, 천국이나 선하고 착함도 내가 만든 거고 말이다.

살인하고 도둑질하고 해서는 안 되는 끔찍한 일들, 죄인 줄 알면서도 일을 치고 마는 사람들은 본인의 감정을 억누르지 못하고 격한 감정에 무너지고 마는 경우가 적지 않다고 본다.

이러한 사람들이 저지른 일들은 사회적인 질서를 깨뜨리고 해서는 안 되는 일이기에 죄악시되는 것이다.

죄를 지으면 지옥으로 간다는 말은 성경책에서 나온 말이지만 그러면 지옥은 있는가?

얼마 전에 들었던 말이 생각난다.

사람이 죽으면 육신이 썩어 없어지는데 지옥을 가도 고통받을 게 없다고 썩어서 흙으로 돌아가 육신이 없는데 지옥을 가도 고통받을 몸이 어디 있겠나?

맞는 말인 것도 같다.

그러면 육신은 그렇다 치고 영혼의 문제가 남아 있다.

영혼이 고통받는다는 것과 영혼이 구원받는다는 것은 종교에서 말하는 천국과 지옥을 구별하는 뜻이다.

하지만, 천국으로 가는 영혼과 지옥으로 가는 영혼을 죽어서나 겪어 볼 세계를 어느 누구도 알 수가 없다.

천국은 어떤 곳일까?

우리가 알기로는 고통, 근심, 차별 없이 아름답고 부족함 없는 온갖 좋은 것으로만 가득 차 있는 곳으로 상상해 왔던 곳이 아니던가.

그렇게 좋은 곳이 왜 상상 속에만 있는 천국인가?

살아있는 사람들 중 아무도 가 본 사람이 없는 천국이라는 그곳.

성경책에 나와 있는 내용만 보고 이런 말을 하는 사람들이 있을 뿐이다.

어떤 사람이 묻기를 "목사님은 천국이 있다고 믿으세요?" 하니까 대답은 "죽어 보질 않아서 모르겠습니다."

맞는 말이다.

인간이 하는 최고의 상상은 천국이라는 단어다.

그런데 천국은 어디에 있을까? 있기는 한 것일까?

천국과 지옥은 사후에나 만나는 세계가 아니다.

종교 지도자들은 하나같이 천국이 있다고 말을 하지만 본인들도 가 보지 못한 곳이 아니던가.

사람들이 복을 받고 영혼의 구원을 얻기 위해서 종교가 필요하다고 생각할 수도 있다.

종교인들이 지금도 천국이라는 곳에 있을 거라고 믿고 있는 두 분.

하느님, 예수님과 교류를 하기 위해서 전국에 있는 교회와 기도원에서 밤새워 외치며 기도하는 많은 사람들이 있다.

그 시간을 통해서 마음에 힘을 얻고 강하게 자신감을 얻는 체험을 한다. 이것은 믿음이라고도 하고 은혜를 받는다고도 한다.

기도의 힘이라는 것은 자신에게 말하는 자기 염원이며 자기암시를 계속 반복하다 보면 거의 무의식까지 가는 체험도 하게 된다.

그러면 은혜를 받았다는 말이 나오고 본인 자신도 믿고 인정하게 된다.

기독교에서 말하는 은사라고도 하지만 일반 사람들은 이상하게 생각하기도 한다.

기도나 명상에서 오는 변화를 얘기하면 기도 쪽은 정상이라고 보고 명상이나 묵상 쪽은 정상으로 보지 않는다.

기도나 명상에 집중하다 보면 생각지도 않게 신비한 체험을 하기도 한다.

기도에 집중하다 보면 방언도 나오고 환상도 예언도 신유의(병 고치는) 은사도 받는다.

이것은 하늘이 준 선물, 즉 다시 말해 은혜를 받았다고 한다.

이러한 체험을 해 보지 못한 사람들은 지금까지 수십 년간을 기도하면서 소원을 간절하게 빌어 봤지만 한 가지도 이루어지지 않았다고 하는 사람들도 있다.

이런 말을 하면 분명 기도가 부족했다 하고 감사가 부족했고 때를 기다리라고도 한다.

수십 년 동안 해 왔던 기도가 과연 부족해서일까?

종교에서 신유의 은사를 받은 교인은 대단한 은혜의 소유자로 인정되고 대접을 받는다.

옛날이나 지금이나 교회 안의 비즈니스는 변한 게 하나도 없다.

그 안에는 즐비하게 놓여 있는 명목만 다른 헌금 봉투들이 사람을 질리게 한다.

예수는 살아생전에 호의호식 한 번 안 하고 비참한 생을 마감했다 하는데 지금의 종교 지도자들은 어떻게 살고 있는가?

감히 비교할 수가 없다.

지금은 종교 지도자들의 말 한마디와 기도가 돈이 되기 때문에 그들이 대접만 받는 세상이 되어 버렸다.

예수가 다시 세상에 다시 온다면 말발이 센 지도자들을 못 당할 거라는 말도 있다.

옛날에는 마음의 종교였지만 지금은 지식의 종교로 되어 버렸다.

코로나로 종교인들의 흐름이 바뀌어 가고 많은 사람이 종교를 비판하기도 한다.

그들도 한두 번쯤은 교회나 불교 쪽으로 가 봤을 것이다.

거대하고 웅장한 교회나 사원들.

그것이 바로 우상이 아닌가 싶다.

능력을 경쟁하는 듯한 행위는 멈춰져야 하고 시작이 있으면 끝이 있듯이 이제는 보여 주기 위한 자랑함도 위선도 모두가 포함해서 그만했으면 한다.

몸과 마음이 왜 가난해야 복을 받는다는 건지….

겸손해지라는 뜻도 담겨 있겠지만 복이라는 게 결국은 천국을 말하는 것으로 생각한다.

종교를 모른다고 해서 나쁘게 살고 죄인도 아니다.

열심히 믿다가 죽어 가는 사람은 그들이 믿었던 천국으로 간 건지 모르겠지만 천국은 인간이 만들어 낸 유토피아다.

사람은 태어날 때부터 마음에 신이 심어져 있다 한다.

내가 좋아하는 말이기도 하다.

보이지 않고 대답 없는 신보다는 내 안에서 나를 다독이며 외로울 때 친구가 되어 주는 것도 신이 주는 마음이라 생각한다.

세상의 어느 것과도 비교할 수 없는 선하고 아름다운 마음을 가질 수 있도록 하는 것도 나만이 할 수 있고 보이지 않는 천국을 누가 주는 게 아닌 내 안에 있는 신의 뜻대로 사는 게 천국이라 생각한다.

인간의 선한 본성을 찾아야 한다.

종교라는 게 보이지 않는 굴레로 사람들을 묶어 놓고 계속적인 훈련을 반복시킨다. 이렇듯 종교가 조직적으로 되어야 하겠는가?

교회나 사찰 건물들을 보면 좋아 보이는 게 아니고 두려운 마음이 먼저 든다. 저 속에는 누가 있을까?

저곳으로 들어가야만 구원을 받을 수 있을까?

예전에 있었던 일이다.

어느 교회였는데 한 가족 모두가 사명자라고 해서 복음(말씀)을 전하고 있었다. 그곳은 보기에도 흠잡을 데 없었다.

그곳에 오는 사람들은 예배 후에 완전히 변화되는 모습이 되어 근심스러운 얼굴들이 기쁨으로 밝아지는 것을 볼 수 있었다.

웃음도 전염된다 하듯이 그 분위기가 모인 사람들에게 전염되어 그 순간이나마 걱정, 근심이 없어지고 충만함 그 자체였다.

각혈하던 사람이 나았고 소아마비가 걷게 되고 믿기지 않는 말 같지만 사실이었다.

몸과 마음이 치유되는 일들이 벌어지곤 하다 보니까 그 가족들은 보이는 하느님의 존재로 되어 버렸다.

그러한 일들이 간간이 일어나다 보니까 그 교회는 눈부시게 발전해서 그 패밀리는 우상이 아닌 하늘의 신들로 변신이 되어 버렸다.

빈손에서 모든 걸 다 가질 수 있는 부를 얻었고 부동산 소유와 그 가족들은 귀족이 되어 아무나 곁에 가까이 갈 수 없을 만큼 거리감이 생기게 되었다.

하지만 욕심이 죄를 낳는다고 말하던 그들이 재물 모으기를 더더 하다가 가족 지도자 중 한 명이 운명을 피하지 못하고 갑작스러운 사고로 유명을 달리했다.

그 뒤로 그 가족 중 건강을 잃은 사람도 있고 지금은 남아 있는 가족이 교회를 이끌고 가는 모양이다.

지금은 얼마 남지 않은 초창기 때 사람들만 다니고 있다고 들었다.

그렇게 옳은 말만 하던 지도자의 자식들은 물질 때문에 타락했고 사회생활을 제대로 하지 못하고 살고 있지만 그래도 부자가 망하면 3년은 간다더니 그 말이 맞는 것인지 지금도 잘 먹고 잘살고 있다고 한다.

사람들은 옳은 진리보다 진리를 전달해 주는 사람에게 왜 열광하는지 모르겠다. 지도자가 하느님이라도 된 것처럼 그 사람에게 마음을 다 주고 물질도 바친다.

그 교회도 전성기였을 때는 지도자 생일이 되면 유명 요리 연구가가 직접 와서 음식을 준비해 상을 차리게 한다.

요리 연구가도 놀란다.

이런 밥상은 왕이 먹었던 상보다 더 대단하다고까지 했다.

그게 우리가 생각했던 천국의 모습인가?

금그릇, 은그릇에 담긴 음식을 예수는 받아 봤을까?

고민을 해 봐야 하는 문제인 것도 같다.

왜 지도자에게 미치도록 목숨까지도 내놓을 양으로 복종을 하는지 참으로 궁금하다. 사람들 마음에 있는 욕망 때문일까?

종교 지도자에게 관심을 받고 복을 주는 사람으로 착각해서 기도라도 한 번 더 받아 봤으면 하는 오로지 그 마음으로만 향해져 있는 것이다. 사람의 마음과 영혼을 묶어 버린 종교 지도자들.

그들은 기도와 말씀이라는 것만 던져 주고 세상 편하게 살아간다.

사람들만 많이 오게 되면 근심·걱정 거리가 다 해결되니까 이런 모습들을 보면서 각자의 마음을 점검해 보고 다시 한번 종교라는 곳을 생각해 봐야 한다.

모든 생명 하나하나가 소중하고 경이롭다는 생각이 든 것은 종교 아닌 나 자신 속에 있는 신에서 비롯된 것으로 생각한다.

종교에서 말하는 신만 찾으려는 사람들은 자신 속에 있는 신은 인정하려 들지 않는다.

문제점이 생길 때면 내 안의 있는 신을 찾아 위로를 받고 마음을 나눌 수 있도록 시도를 해 보는 것도 좋은 방법이 될 수 있고 꼭 종교에 귀의하지 않아도 스스로 일어설 힘이 각자에게 있다는 걸 인정하면서 우리가 잊고 살았던 자신 속에 있는 그것을 찾아야 한다.

오래전 일이다.

교회를 열심히 다녔을 때 일이었다.

솔직히 토요일만 되면 마음에 부담이 오기 시작한다.

교회는 가야 하는데 마음이 괴로운 거다.

그곳에 가면 얼굴에 보이지 않은 가면들을 쓰고 모든 교인이 지도자에게 잘 보이려고 기들을 쓴다.

해 보지도 않은 교회 안의 거친 일들도 서로 하려고 달려들어 순식간에 해치워 버리고 지도자에게 눈 한 번 마주치고 몇 마디라도 나누고 싶어서 미리 준비한 돈 봉투를 내밀어야만 겨우 눈 한 번 맞춰 준다.

언제부터인가 지도자 얼굴 보러 가는 교회가 됐다.

그게 무서웠다.

본인들이 인정받기 위해서는 부모 형제까지 몰라라 하게 되니까 내 마음이 지옥으로 바뀌는 시간이 되어 버렸다. 하지만 다시 일요일이 되면 천국이라는 교회로 다시 설정을 해 놓곤 한다.

그렇게 은혜스러운 말로 만인을 사랑한다는 지도자라는 사람들은 받는 것에 익숙해지고 주는 것은 거의 모르는 거 같아 보였다.

하늘을 빙자해 부귀영화를 당연시하게 누리고 사는 것을 보면 마음은 갈등으로 흔들렸다.

신이 있다면 마음과 물질을 갈취하는 저들을 왜 가만두는 걸까?

그러한 마음으로 살아가는 중에 큰 병이 나에게 찾아온 거다.

암이라는 반갑지 않은 손님이었지만 그동안 마음에 받은 고통에 비하면 암도 별거 아니라는 생각이 들면서 교회에 가지 않아도 된다는 생각에 마음은 오히려 편안해졌다.

이제까지 살아온 것을 다행으로 여기면서 모든 것을 놓아 버렸다.

쉽게 놓아 버린 것도 신기했고 마음이 편안한 것도 신기했다.

그래도 여기까지 오느라고 그동안 애썼던 마음을 스스로 다독거렸다. 놓아 버리고 포기하니까 이렇게 쉽고 편안한 것을 말이다.

체중은 자꾸 줄어 가지만 같은 병실 사람들하고 얘기도 크게 해 보고 많이 웃고 노래까지 나오는데 나도 놀랐다.

병실 안에서도 많이 걷고 먹고 싶은 것도 마음이 편하니까 맛도 있고 어쨌든 좋았다.

나 자신한테만 신경을 쓰니까 말이다.

그동안의 고통은 생각도 안 나고 그렇게 즐거운 마음으로 병원 생활을 했다. 드디어 수술 하루 전날 기도를 하는데 몸이 불덩이처럼 뜨거워지는 것을 느꼈다.

수술 몇 시간 전에 마지막 검사하는 과정에서 담당 의사가 하는 말이 들려왔다.

"암 덩이가 어디 갔지?" 한다.

여러 의사가 와서 보더니 "없어졌네!"라고 한다.

없어진 건 분명했다.

모든 걸 놓아 버리고 편안한 마음을 가진 결과일까?

나는 속으로 담담하게 듣고 있었다. 며칠 후 퇴원해서 집으로 왔다.

기적을 체험하고도 또 걱정이 앞선다.

교회에 또 가야 하나?

교회서는 기도해 준 덕분으로 나았다고 할 것이 뻔한데 나는

'확실한 결정을 해야겠구나.' 하면서 '교회를 나가지 말자.'라고!

그렇게도 지독하게 매달리며 기도했던 믿음? 그게 진짜 간절한 기도였을까?

그렇게 해서 교회에 나가지 않게 되었다.

과거의 내 경우를 보면 모태 신앙으로부터 시작해서 성인이 되어 결혼은 했지만 믿는 가정에서도 가족 간의 갈등은 이루 말할 수가 없었다.

교회에서는 천사의 모습을 하고 집에서는 그 반대의 생활이었다.

교회 안에서도 믿음과는 상관없이 돈 많은 사람, 명예 있는 사람, 배운 사람으로 편이 갈리고 이들은 지도자하고는 원하는 대로 연락을 하며 항상 상석에 자리를 잡고 앉는다.

일반 신도들은 감히 꿈도 꿀 수 없는 일이었다.

가정에서 쌓인 스트레스나 여러 가지 문제로 교회에 가면 해결될까 했지만, 더 큰 실망과 고통을 안고 오곤 했다.

이쪽저쪽에도 끼어들지 못한 교인들은 있기 마련이어서 있어도 그만 없어도 그만인 사람들은 항상 손님에 지나지 않았다.

그래도 그러려니 하고 열심히 다니는 사람들도 있었지만 그러다가 발길을 끊어 버리는 사람도 있고 다른 교회로 옮기는 사람도 있었다.

나 역시 앞만 보고 열심을 다해 보았지만, 한계에 부딪히게 되었다.

그것은 다름 아닌 몸으로 반응이 온 것이었다.

암이 두 군데에 생긴 것이다.

교회에서의 반응은 믿음이 없어서 하늘이 내린 매라고 했다.

모든 게 내 탓으로 남의 속도 모르면서 관심 없어 하는 그들을 보면서 남들이 무슨 말을 하든지 나는 상관하지 않기로 마음을 먹었다.

아파서 교회에 안 가게 되면 이것저것 보지 않겠구나 싶어 내심 위로가 되었다.

영향력 있는 사람들 덕분에 상상할 수 없는 최상의 생활을 하는 지도자라는 그들은 뭘 하는 사람들일까?

세상에서 풍족한 물질의 복을 누리며 사는 그 지도자들의 생활이 아마도 천국이리라.

그 지도자 말들은 예수의 가르침보다 능력 있게 들려서 검은색도 희다 하면 교인들도 희다고 믿을 정도였다.

그런 말들을 들으면서 모두가 그렇게 능력자들이 될 거라는 마음들을 가지고 매달리며 믿고 있었다.

진리보다는 지식과 물질의 힘이 더 세진 세상이라는 걸 보여 주는 것 같았다.

지금도 종교 지도자 자녀들은 웬만하면 해외로 유학을 보내고 좋은 배우자 만나게 하고 성공한 인생의 복을 누리며 살게 한다.

예수를 잘 믿어 성공했고 복을 받았다고 말한다.

신도들이 정성을 다해서 낸 헌금은 이름도 빛도 없다.

이유는 액수가 눈에 차지도 않다는 증거다.

교회를 운영하면서 교세를 키워 가야 하는 오늘의 종교 단체의 실체라고 보면 된다.

하나님 얼굴을 본 사람은 한 사람도 없다.

말씀이 하나님이라고 하는데 지금까지 그 얼굴을 봤다는 사람도 목소리를 들었다는 사람도 없다.

성경책에는 목소리로, 빛으로 나타났다지만 그것은 사람들이 쓴 기록으로만 남아 있을 뿐이다.

보이지 않는 신의 영향력을 이용해서 물질의 풍요부터 누리기 시작한 종교 단체들, 그것은 어느 종교도 마찬가지다.

공자의 학문도 제자들이 기록한 것이고 예수의 기록 또한 해석도 조금씩 다르다고 한다.

성경을 공부한 종교 지도자들이 성경책의 내용을 신도들에게 알려 주는 곳이 교회이고 그것이 인도자들이 하는 일이다.

부처와 예수의 가르침과 행적이 오늘날 종교 지도자들의 직업이 되고 생활의 터전이 된 것이다.

부처와 예수의 가르침을 종교에서 더는 이용하려 들지 말자.

갑을 관계가 분명한 종교 현실을 냉정하게 분별해 보고 생각을 해 보자.

언제까지 종교에 매달리며 종노릇만 할 것인지.

인간의 주인이 버젓이 있는데도 믿지 못하고 종교가 없다고 해서 주인 없는 마음이 될까 봐 두려워서일까.

그들은 왜 나의 영혼까지 주관하려 하는가.

예수나 부처는 어리석고 불행한 사람들에게 위로와 말씀으로 소망을 갖게 하고 무소유로 본을 보여 주었지만 지금의 종교 지도자들은 어떠한가.

성공한 지도자들은 인지도가 없는 지도자들의 롤 모델이 되고 있는 것이다.

이것이 현 종교의 실상이다.

말씀만 성경에서 가져오고 마음과 행동은 진리대로 향하고 있는 것인지 궁금하다.

지도자 본인들에 맞추어 포장하는 말과 글도 멈추어야 한다.

거대한 교회 건물 안에는 신도가 차고 넘쳐서 몇 부씩 예배를 본다.

그 웅장함과 화려함을 보는 나는 그 분위기에 눌리고 굳어져 버린 느낌이다.

그곳에 과연 신이 내려와 있을까?

첫째는 말을 진실스럽게 잘 해야 많은 사람이 감동을 받아 웃고 울기도 하면서 잠시라도 마음에 위안을 얻는다고 생각한다.

감정 속에서 살아가는 사람들에게 위로는 받을 수 있겠지만 그 많은 사람이 그곳에서 과연 신을 만났을까?

말로는 감당이 안 되는 종교 지도자들이 많이 불편하다.

종교에는 이유가 없고 무조건식이다.

왜?

보이지 않는 신을 믿기에 지도자들은 자신 있게 일방통행으로 가르치고 있기 때문이다.

안 믿으면 불신, 즉 죄라고 말한다,

지도자들은 아무런 책임도 없다.

신도만 많이 몰리면 본인의 능력을 인정받기 때문이다.

구원은 각자에게 달려 있으니까 말이다.

가르치는 말을 능력이라고 믿게 하기 위해서는 책도 많이 읽어야 하고 아는 게 많아야 하기 때문에 공부도 많이 한다고 한다.

말의 힘을 키우기 위해서다.

성경과는 상관없이 특별한 리더십이 생긴 거 같다.

말을 잘하는 직업들은 설득력도 좋다.

많이 할수록 잘하게 되어 있으니까 말로 상품 포장을 할 수 있는 능력도 생겨난다.

분별이라는 것도 인간이 만들어 낸 상품이고 있지도 않은 신을 앞에 놓고 기도로 자기암시를 계속하고 있는 종교인들은 종교 지도자들에게 왜 을이 되어야 하는가?

그들의 잣대가 있다.

그들이 들으면 펄쩍 뛰던가 헛웃음을 치겠지만 예수와 부처의 코스프레는 그만하자.

마음은 그대로 있고 입으로만 사랑과 자비를 남발하며 겸손을 앞세워 신을 믿게 하려고 법문이나 성경을 공부해야 한다고 하고 깨달음보다 사랑과 자비를 공부로 배운다는 건 말이 안 되는 일이다.

은혜와 비유로 쓰여 있는 말들은 머리 싸매고 연구를 해서 성경 내용의 비유와 진리가 지식으로 둔갑을 한다.

성경책 해석과 설교 분석 전문가들이 생겨나서 또한 평가도 한다.

그다음은 물질이다.

엄청나게 큰 사찰과 교회 건물 속에 대장 지도자들 얼굴 보기가 하늘의 별 따기처럼 어렵다.

그들의 목소리는 온화함과 겸손으로 바뀌어 있고 화를 내지 않는다는 게 특징이다.

어깨에는 힘이 빵빵하게 들어가 있다.

그들이 믿는 신께서 그렇게 하라고 하지는 않았을 텐데 말이다.

그게 지도자의 기본적인 은혜고 축복받았다는 표상인가 싶다.

이들을 만나려면 특별한 이유나 사건, 아니면 두툼한 봉투를 내밀어야 가능하다.

유명한 지도자들일수록 더욱 그러하다.

영적인 부분을 관리해 준다는 곳도 이렇듯 모든 게 물질로 통하는구나.

물질 만능이라는 말이 맞는 말이다.

죽은 사람들을 위로한다고 기도나 제사로 예를 갖춘다 할 때도 물질을 바쳐야 한다.

많을수록 더 정성껏 빌어 준다.

사람들은 보이지 않는 것에 더 열성적으로 정성을 들이는 거겠지만 죽어서 남는 것은 한 줌의 재밖에는 없다는 걸 알고 있으면서도 종교의 관습을 그대로 따르고 있다.

성전을 짓고 신의 이름으로 많은 사람들을 모아서 성경 이야기로 참목자인 양 신도들을 인도한다.

하여 하나님의 종이라고 말은 하고 있지만 실제는 그들이 왕의 대접을 받고 있는 것도 현실이다.

신도들은 힘이 들어도 인도자가 대접받는 것을 당연하게 생각한다.

예수의 본질을 망각한 신도들에게 진리라는 마법의 양념을 뿌려서 끝까지 따르게 만드는 방법을 쓰고 있다.

이와 같은 방법으로 신도들의 수가 많을수록 그들의 주머니는 두둑하게 채워진다는 사실은 누구나 다 알고 있는 일이다.

대형 교회나 사찰 지도자들치고 가난한 지도자는 없다.

입으로는 겸손과 사랑을 말을 하면서도 과부의 엽전 두 푼의 이야기를 이용해서 물질이 없어도 갖다 바치는 게 믿음이라는 이야기는 수십, 수백 번을 들었다.

그들도 종교를 배우고 신을 배워서 직업인이 된 것인데 신도들은 그렇게 생각하지 않는다.

오로지 비단처럼 쏟아져 나오는 그 말에 열광하고 있는 거다.

의심의 여지는 눈곱만큼도 없이 그들이 왕이고 선지자고 구원자인 양 받들어 섬기기에 바쁘다.

종교를 떠나서도 누구든지 이런 대접을 받고 살기를 원하는 사람이 대부분일 것이다.

돈과 명예와 권력을 가졌을 때 종교를 몰라도 겸손한 자들은 나눔을 하게 되지만 본인을 위해서만 쓰는 이기적인 자들은 가진 것의 종이 되어 있는 것이다.

종교라는 것에 목숨 내걸고 산다는 것도 어리석은 짓이고 천국의 신분으로 바뀐다는 생각도 버려야 한다.

이름난 지도자일수록 얼굴 보기 힘들고 그들의 말 한마디가 하늘의 법이고 구원이며 영생으로 완벽하게 포장되어 있어서 대화 자체는 아예 포기하는 게 상처를 덜 받는 걸로 생각하면 된다.

그들은 이미 모든 걸 다 가졌기에 겉모습만 수행자요, 외식하는 지도자라고 해도 틀린 말은 아닐 것이다.

모든 걸 다 누리는 재미를 보았기에 대물림까지 하려는 이들도 있고 유명해질수록 유명 인사 아니면 일반 신도들은 그들이 생각 하는 조무래기에 지나지 않는다.

옳은 말만 하는 그들은 너무 먼 종교 지도자 수행자들이 되었다.

이 사람들과 가까이하려면 세상적인 돈이나 명예가 있어야 하 지만 그들은 구색을 갖추기 위해서 몹시 가난하고 불우한 이웃을 찾아가 위로와 기도를 해 주는 심방을 한다.

그래야 교회에서 찾아와 도움을 주고 갔다는 얘기를 듣기 때문 이다.

거의 신적인 존재로 있는 그들은 제대로 수행을 하는지 기도를 하는지는 그 누구도 모르고 본인들만 알고 있는 사실이다.

세상 물질에 의미가 없다고 말하지만 사업가를 찾아다니면서 뭔가 돈벌이 될 만한 일이 없을까 하는 지도자들도 있다.

보이지 않는 신과 중생을 위하는 일에 물질이 필요하다고 하지만 그것은 아니라고 본다.

본인의 명예, 이름을 얻으려는 의도가 더 크기 때문이다.

힘이 능력이기에 그래서 존중받고 큰 힘을 얻어서 가는 곳마다 박수받기를 좋아하는 그들 또한 중생에 지나지 않는다.

햇빛은 좋아하는 것에만 비추지 않듯이 악하고 선한 자들에게도 똑같이 비춰 준다는 것은 모두를 품어 주고 생명을 존중하고 사랑한다는 뜻이 담겨 있는 교훈이 되고 있는데 왜, 인간만이 분별심을 가지고 가진 자와 없는 자를 차별하고 높고 낮은 자를 분별해서 편 가름까지 하는 것은 그들이 믿고 있는 신의 뜻인가.

물론 아니라고는 하겠지만 양심에게 물어보면 스스로도 답을 알 수 있을 것이다.

그들이 하는 주의 일은 구체적으로 뭘까?

생명을 살리려는 건지. 사업을 하려는 건지 늘 궁금하다.

열린 마음으로 함께 가야 하는 길을 종교에서는 성경을 인용해 울타리를 만들어 놓았으니 이제는 정신을 차려야 할 때가 되지 않았나 싶다.

배워서 만들어진 지도자나 지식이 많고 말 잘하는 지도자들도 지금부터 앞으로 다가오는 시대에는 이러한 종교적인 방식들이 완전히 바뀔 거라는 생각을 해 봐야 하지 않을까 한다.

누가 누구를 가르치고 지배하는 것은 서서히 약해지고 있지만 아직은 그 구습들이 남아 있어서 마음을 바꾸기가 쉽지는 않을 것으로 본다.

종교 지도자들에게 이유를 걸면 복을 받지 못한다고 한다.

무조건 순종하고 기도와 감사를 하라고 한다.

이런 예도 있다.

만복을 누리며 살고 있는 종교 지도자 가족 중에 어린아이가 있었는데 교인들이 귀여워서 손을 잡아 보다가 무안을 당하는 걸 봤다.

만지는 사람 손에 세균이 많을지도 모르는데 아이에게 옮으면 어떡하냐고 하니까 아이 손을 잡았던 사람 얼굴이 빨개지는 걸 보았다.

곁에 있던 사람들까지 무안해지는 분위기가 되었다.

황당한 일이었다.

죽어서도 부활, 살아서도 부활을 외치던 그 지도자는 얼마 후에 병을 얻어 저세상으로 갔지만, 저세상에 있다고 말했던 그 천국으로 갔는지는 모르겠다.

처음 시작들은 좋다.

하지만, 나중에는 물질 욕망에 사로잡혀 영이 타락된 것이다.

모든 지도자의 마음을 신도들은 모르지만 현실적으로 보면 그럴 가능성이 있다고 보면 된다.

하느님의 종이라 하는 말대로 그들은 평생 종의 신분으로 끝나는 것이다.

이렇게 영향력이 커지면 종교 쪽에서는 목소리도 커지고 힘도 커진다.

이런 기회를 타고 교만이라는 놈이 슬그머니 찾아온다.

그래서 "깨어서 늘 기도하라."라는 거다.

기도는 나 자신과 소통하는 방법이기에 간절함으로 나와 소통을 통해 남을 위하고 세상을 위해 큰 소통을 할 수 있는 통로이기도 하다.

살아가면서 풍파를 만나지 않은 인생은 없다.

죽을 만큼 낭떠러지로 갔다가 다시 문제가 해결되어 잘 되기도 하는데 이런 것도 신께서 뜻이 있어서 그런 시험을 준 거라고 말을 한다.

당연히 종교에서 말하는 끊임없는 세뇌적인 말이라고 생각한다.

살아가면서 고통의 과정은 누구에게나 있기 마련인데 종교의 용어로 표현하는 것은 이제는 그만했으면 좋겠다.

종교 지도자의 겉모습, 표정은 일반인들과는 조금 다르다.

안정되어 있고 반가움과 따뜻한 음성, 모든 문제를 긍정적으로 들어 주는 대신 이 모두가 하느님 뜻이라는 결론을 내려 준다.

이것만 보더라도 그들이 하는 행위는 모두가 비슷하다.

사람들의 감성을 웃기고 울리면서까지.

그것은 사람을 상대해야 하는 영업이니까 믿음과 신뢰를 하게 끔 만들어 가고 있는 느낌이다.

그러한 매너에 위로를 받았다고 하면서 물질로 감사 표현들을 한다.

그들도 큰 성전과 많은 신도를 거느려야 그 능력을 인정받아 뭐든 하려고 할 때 걸림돌이 없도록 하려는 건 당연한 사실이다.

그들의 희생물은 신도들이다.

마음으로 기도로 돕는다는 그들은 결코 손해 볼 짓은 하지 않는다.

이러한 자신감은 보이는 신이 아닌 보이지 않은 신의 힘을 마음 껏 이용하고 있으니까.

어느 지도자는 해외 선교 자금 마련을 한답시고 신도에게 사업

자금 투자를 권유했다.

믿고 투자한 결과는 황당하게도 거짓으로 꾸며 낸 사기로 알려졌다. 나중에 안 일이지만 피해자가 더 있다고 들었다.

투자를 권했던 그 종교 지도자는 누가 이렇게 될 줄 알았냐면서 나는 모르니까 감옥에 넣든지 맘대로 해 보라 했다.

누구한테 배운 자신감인지 알고 보니 처음부터 만들어진 사기극이었다.

투자했던 신도는 한 푼도 받지 못하고 어려움에 처하게 되었다.

이것이 양 떼를 몰고 가고 있는 참목자의 모습인가 하는 의문이 들었다.

그래도 그 지도자는 여전히 존중받고 섬김받고 잘나가고 있다.

잘나가다 보니까 그만큼 수지맞는 사업이 또 있겠는가 싶어서 대물림까지 하려 한다.

공부해서 자격을 얻어 대를 이어 종교 지도자가 되는 일이 종종 있는 것 같다.

신령한 영이 아닌 인간의 지식을 배우면서 말이다.

그렇게 해서 지혜가 담겨 있는 성경책과 세상의 지식까지 능숙하고 그럴싸한 영적 리더라 하면서 세련된 지도자가 된다.

누구나 한 번쯤은 종교라는 곳에 가 본 경험이 있을 것으로 안다.

다니다가 그만둔 사람들과 얘기해 보면 참, 사연이 많기도 하다.

종교가 무섭다는 사람도 있고 말로는 이길 수 없다는 사람도 있었다.

영적인 지도자는 나 자신이라는 걸 모르고 많은 시간을 상처받은 영혼들이 영혼의 치유를 위해서 선택한 종교로 발길을 향하곤 했지만 그곳에 영적인 마스터키는 없었다.

신, 그는 누구이며 어디에 있는가?

우리는 어려울 때 있을수록 신을 찾게 되고 의지하게 되는 것 같다.

나라마다 종교가 있지만 가난한 나라일수록 알 수 없는 신상들이 눈에 많이 보인다.

그들 역시 복을 받고 소원을 이루기 위해서 모셔 놓은 신상 앞에서 정성껏 기도를 한다.

아침 출근할 때마다 신상 앞에서 절을 하며 기도를 올리고 퇴근 길에도 마치 의무이기도 하듯이 똑같은 방법으로 기도를 하는 것을 보았다.

가난해서 신발도 없이 맨발로 와서도 꽃 한 송이를 신상 앞에 갖다 바치는 얼굴은 행복하게 보였다.

그들도 신은 인간에게 복을 주고 소원을 들어준다는 믿음을 갖고 있기 때문이다.

가진 것은 없어도 아낌없이 재물을 바치는 걸 보면서 인간 세상에서 바라고 원하는 욕구들은 모두가 비슷하다는 생각이 들었다.

또한, 내세에 대한 보험으로 생각하고 영혼이 떠난 육신까지 새들에게 보시한다고도 한다.

과연 이런 행위가 신에 대한 믿음인가?

믿음이라고 하기에는 너무 가혹한 일이다.

신은 자연적으로 생겨난 에너지로 우주 만물을 주관하고 있고 인간과 자연 속에 녹아 스스로 존재하는 커다란 힘을 가지고 있는 에너지의 근원이다.

그 이치를 모르는 인간들은 신이라 하여 보이지 않는 것을 당연시하며 그 존재를 크고 신비롭게 생각하기 시작했다.

쉽게 인간이 범접할 수 없는 경지로 신을 만든 것이다.

높은 하늘 위에 사람 모습을 한 신은 절대로 없다.

보이는 것을 바라는 사람들은 여러 가지로 신의 이름을 붙여 나무나 동물의 문양에 기도나 소원을 빈다.

인간은 나약해서 무언가에 의지하고 싶은 마음에서 기도하며 살고 싶어 한다.

그중에서 으뜸인 신(하느님)을 최고의 신으로 모시면서 모든 물질과 마음으로 섬기고 있다.

인간의 나약함을 보여 주는 행위로 본다.

사후에 대한 보장까지 받고 싶어서 세상에서 부족함이 없이 살던 사람도 나이를 먹어 감에 따라서 영혼의 방황이 시작되기도 한다.

사후에 으뜸인 신의 세계로(천국) 입문하려고 좋은 생각만 하고 종교에 귀의함으로써 선한 포인트를 쌓아 위로로 삼고 싶기 때문이다.

갑자기 신의 존재를 확신하려고 하는 게 어떤 의미일까?

신은 창조주이고 무소불능하기에 신을 믿는 사람들의 사랑의 표상이며 그것을 따라 배우고 그의 성품을 닮아 가려고 한다.

그들의 행위로 보이는 것은, 어렵고 아픈 사람을 보면 도와주고 기도해 주며 신을 알게 해 주고 사랑이라는 걸 느끼게 해 준다.

그것이 전부다.

종교 안에서도 고통받는 이들이 많이 있다.

본인의 문제점을 놓고 얘기하면 기도하고 말씀에 순종하고 감사하면 해결될 거라고 말해 주는데 그 와중에 감사하라는 건 물질을 바치라는 뜻이 들어 있다.

몰랐을 때는 그 말들을 사실로 믿었지만, 종교의 끈을 놓고 보니까 세상은 기쁘고 슬픈 일이 항상 같이 오기도 하고 가기도 한다는 걸 알았다.

종교를 믿지 않는 사람들도 이 정도는 알고 있다.

종교 속에서 보이지 않는 구속으로 마음고생을 하는 사람들은 믿다 보면 모든 일이 만사가 형통하리라는 믿음으로 견디고 있다.

땅속에서 기어 다니는 굼벵이도 때가 되면 스스로 변신을 하는데 인간은 어느 때나 변화가 올까.

인간이 생각하는 깨달음이란??

부처는 몸을 연단함으로써 몸에서 벗어나는 깨달음을 얻었으며 예수는 영성의 메시지를 통해서 신성의 존재로 거듭나게 되었다.

예수와 부처의 기록으로 지금까지 수많은 종교가 만들어져 이어져 나오고 있다.

그분들은 진리의 말씀을 남기고 사명을 다하고 갔지만, 지금까지도 세상과 인간은 바뀌지 않고 종교라는 거대한 단체만 생겨나면서 보여 주기 위한 것으로 되어 버린 것이다.

부처처럼 몸으로 연단해서 깨닫는다는 건 불가능한 일이다.

누가 누구를 통해서 깨달았다는 것을 본인에게는 어떤 의미로 부딪혔는지 모르지만, 순간의 한 부분일 뿐이다.

깨달음으로 가는 방법은 본인에게 있다는 걸 인정하는 것만이 제대로 가는 통로가 되는 것이다.

잊고 살았던 자신들의 마음을 찾아 나서는 것도 멀리 있는 게 아닌 자신인 것을 모르고 여기저기 이곳저곳을 찾아 헤매지 않았는가?

인간의 마음에 들어 있는 한과 외로움 그리고 고독의 덩어리를 나 스스로가 끌어들여 마음에 모시고 살면서 그것들을 키워 가고 있는 게 아닌가 하고 생각해 봐야 한다.

외롭고 힘들고 지친 마음은 내 본래의 마음이 아닌데도 내면이 아닌 바깥쪽만을 바라보며 살아왔기 때문에 이러한 마음이 더욱 커질 뿐이고 이 모든 슬픔의 감정은 인간 스스로가 만든 것일 뿐이다.

신은 처음부터 없었기에 그의 얼굴은 영원히 볼 수가 없다.

종교에서는 신이 보이지 않는다는 게 강점인 것이다.

스스로 우주가 생겨난 것처럼 인간의 마음에 있는 예수와 부처가 남긴 진리대로 살아가는 게 정답이라고 생각한다.

내 안의 신과 만나 깨달은 분들의 성품으로 변화가 된다면 내가 곧 천국이고 하나님이다.

또한, 예수도 되고 부처도 될 수 있다.

교회나 사찰에 사람들이 많이 모이면 에너지가 커지는 효과는 있지만 구원은 없다.

죽을 때까지 볼 수 없고 찾기만 하는 신보다 나 자신 속에서 인간 본래의 신성을 찾는 게 우선이고 스스로 존재하는 우주와 하나임을 알아차리는 게 우리가 찾고자 하는 목적이 아닐까?

생명이 다하면 원하던 천국으로 가는 것.

그 천국은 자연 속으로 다시 녹아 들어간다는 말이기도 하다.

사후 세계를 체험했다는 것도 그것은 정신적인 하나의 현상일 뿐이다.

기도나 명상에 몰입하다 보면 자신의 정신세계 속에서 여러 가지 현상이 보이는 게 있고 몸으로도 느끼는 에너지가 있다.

정신세계도 우주와 같아서 무한한 능력이 펼쳐지는 세계다.

그것은 이상한 곳도 아니고 누구나 다 경험할 수 있어서 특별한 건 아니다.

인간의 마음속에 신은 있지만, 자신의 존재를 인정하지 못하고 살아왔다.

하지만 자신이 누구인지 인정하는 순간 주변과 모든 사람을 보는 마음의 눈이 달라졌다는 것을 느낄 수 있을 것이다.

그 마음이 내 자신이고 모든 사람과 더불어 함께하는 세상이 천국이라고 생각한다.

우리가 지금까지 막연하게 생각해 왔던 천국이라는 나라는 없다.

환상 속의 천국일 뿐.

종교 생활을 하는 동안 쌓였던 스트레스로 말미암아 몸과 마음이 약해져 있었고 모든 게 정체되어 있었다.

지금까지 믿어 왔던 종교를 떠나 운동과 기도, 명상을 하기 시작했다.

시작한 지 얼마 되지 않아서 몸이 좋아지고 호흡과 함께 기도와 명상을 하니 마음이 편안해지고 따뜻해지는 걸 느꼈다.

교회 안 나온다고 마귀다, 귀신 들렸다 하면서 난리를 치던 사람들도 하나둘 멀어져 가니까 비로소 나 자신에게만 몰두하게 되었다.

최선을 다해 운동과 기도, 명상을 하다 보니 그 결과 몸 상태도 최상이 되었고 자신감과 나 자신을 쓸모없는 존재로만 알았었는데 귀하게 여기는 마음도 생겨났다.

신이 났다.

마음도 몸도 서서히 반응을 해 주는 것 같아서 감사하기도 했다.

첫째 마음이 평화로웠고 주변의 모든 사물까지도 다 살아 있음을 느끼게 되었다.

예사로 보아 왔던 작은 돌멩이 하나, 담벼락에 늘어져 피어 있는 꽃들까지도 마음으로 교감이 되고 있었다.

주변 모든 것이 친구가 되어 주니 나 혼자가 아니었고 외롭지도 않았다.

그때부터 풀 한 포기, 나뭇잎 하나도 꺾지 않게 되었다.

사람들의 눈 속에서 본래의 선함을 보았고 하나임을 알게 되었다.

내 몸은 나비처럼 가벼워지는 것 같았다.

이게 다 어디서 오는 걸까?

평안은 누가 주는 게 아니고 내 마음에 있었던 거구나.

나는 지금까지 보이지 않는 뭔가에 갇혀 있었다가 이제야 마음의 자유를 찾은 것 같았다.

진정한 자유와 평안.

이제 알게 되었으니 나 자신에게 감사하며 살아가야겠구나.

'지금까지 참고 지나온 것이 헛되지 않았구나.' 하는 벅찬 감정으로 꽉 차 있었다.

인간은 스스로가 선악을 만들어 내는 제조기 역할도 할 수 있다는 것도 알게 되었다.

방언이나 병을 고치는 은사는 본인들의 영적 에너지, 능력이 생겨나 본인의 근기대로, 즉 마음의 작용대로 온몸이 바뀌면서 얻어지는 선물이 아닐까 생각한다.

나 역시도 체험했지만 보이지 않는 것을 설명하면 사람들의 오해를 불러일으킬까 봐 지금은 잊고 살고 있다.

기도나 명상, 호흡과 함께 몰입하다 보면 몸이 있는 듯 없는 듯 느껴지면서 따뜻함이 온몸을 감싸 안으며 편안함이 함께한다.

생명은 숨(호흡)이다.

숨을 잘 쉬는 달인이 되다 보면 기도와 명상은 저절로 된다.

몸과 마음이 바빠 제대로 숨을 쉬어 본 적이 없는 사람들.

이제는 좀 정신적으로 편안하게 쉴 수 있는 큰 숨을 쉬면서 나를 바라보는 시간을 가져 보기로 하자.

고요한 마음속의 자신 안에 있는 참된 신을 만나 볼 수 있는 기회가 될 수도 있다.

밖에서 찾아 헤맸던 신이 내 안에 있어서 본인이 신적인 존재라는 것을 믿지 않을 이유가 없다.

텅 빈 것 같은 마음이 생길 수도 있지만 그래도 믿어 보고 인정하다 보면 조금씩 확신을 얻게 될 것이다.

이걸 믿는 것도 믿음이 아닐까 싶다.

종교를 떠나서도 우리가 어떤 시대에 살고 있는지를 조금이라도 안다면 자신과의 만남부터 시작해야 한다.

부분적인 지식을 가지고 영성으로 인도한다는 말들을 많이 하고 있지만, 지금은 부분적인 시대가 아니다.

전체적인 것을 보고 가장 큰 장애가 되는 내 감정을 바꾸려는 작업이 우선이다.

스스로가 찾을 수 있는 방법은 얼마든지 있다.

먼저 나 자신을 믿으면서 자신의 내면과 만나 보자.

처음엔 그냥 시작해 보지만 분명, 내가 어떤 존재인지 마음에서 답을 얻을 수 있을 것이다.

영혼과 육신은 하나이고 따로 존재하는 것이 아니다.

영성은 누가 알려 줘서 알게 되는 게 아니다.

관심이 없는 사람에게는 손에 쥐여 줘도 모른다.

이런 사람들은 눈에 보이는 현실의 세계가 전부라고 생각한다.

보이는 세상은 너무 힘들고 스트레스로 마음이 건강하지 못하기 때문에 운동과 여행, 취미 생활로 풀어 보려고 시간과 돈을 투자해 해소하려고 하지만 그것은 잠시 좋아진 듯하다가 다시 쌓이는 생활로 반복되어 간다.

이게 바로 보이는 현실에서 얻어지는 결과들이다.

슬프고 유쾌하지 못한 삶에서 만족을 얻지 못하는 것은 당연한 것이다.

근본적인 마음의 문제들이 해결되고 나면 불완전한 삶이 온전하게 바뀌면서 마음에 충만한 에너지가 자리를 잡게 되고 만물과 교감하고 새로운 사람으로 자신도 모르게 변화가 올 것이다.

지금까지 몰랐던 일들이 실제로 보이고, 들리고, 느껴질 것이다.

이 사실을 깨닫고 나면 자신이 얼마나 귀하고 소중한 생명인지 알게 된다.

또한 악에서 멀어지게 되고 죽음도 두렵지 않다.

이러한 에너지를 받은 자는 알지 못하는 사람들과 함께 나누고 변화된 삶을 살도록 도움을 주는 것이 먼저 깨달은 자들의 의무가 아닌가 싶다.

끝까지 거부하는 자들도 물론 있겠지만 노아의 방주 비유를 생각하면 된다.

다시 모든 창조물이 새롭게 시작될 때 동참하는 자들이 될 것이고 그 시대가 오기 전에 마음이 열린 사람들이 많아졌으면 하는 생각이 간절하게 든다.

내 것도 너의 것, 너의 것도 너의 것으로 서로가 하나로 연결된 마음이 먼저가 아니던가?

어린아이의 눈만 봐도 마음이 고요해지면서 힐링이 되는데 잔머리로 가득한 사람에게는 순수한 마음을 볼 수가 없다.

본인의 이익에 급급해서 눈동자에는 진실과 빛이 없다.

이러한 사람들은 내 것도 내 것, 너의 것도 내 것이라는 이기적인 현실주의자들이다.

물질 앞에 약하고 출세 지향적인 거짓된 마음으로 살아가는 사람을 말한다.

이런 마음을 가진 사람을 가리켜 중증으로 오염된 인간이라고 한다.

찌질하게 살지 말자.

선한 용기를 갖고 사는 사람이 자신을 일찍 발견하게 된다.

내 것을 잃을까 봐 두 주먹 꼭 쥐고 놓지 않는 사람들은 늘 긴장하고 살아가는 사람들이다.

하지만 자신을 발견하고 나면 새로운 사람으로 다시 태어날 것이다.

눈에 보이는 완벽한 사람이 아니더라도 내면이 맑고 아름다운 사람들이 많아지는 세상이 되었으면 좋겠다.

인간의 수명이 짧다고 하는 사람이 있는가 하면 길다고 지루해하는 사람도 있다.

물론, 자신의 생활에 비추어 짧게도 느껴지고 길게도 느껴지겠지만 마음이 깨어 있는 사람은 수명에도 관계가 없는 것으로 생각한다.

사람들은 나이 70이 되면 하던 일의 속도를 늦추기 시작하면서 주변을 정리해야겠다는 생각을 한다.

이미 설정되어 있는 방향으로 가야 하는 것을 당연하게 받아들이면서 누구나 그렇듯이 죽는 순간까지 삶의 애착을 놓지 못하고 발버둥 치는 사람들이 있는가 하면 삶을 모두 내려놓고 가는 사람이 있다.

둘 다 아니라고 생각한다.

마음의 평안은 양쪽 다 없다고 보면 된다.

예수도 부처도 수행 기간에 많은 유혹을 받았고 인간인 우리에게도 수많은 유혹이 늘 도사리고 있다.

세상의 유혹은 인간을 혼란스럽고 고통스럽게 한다.

그 유혹을 웬만한 인간들은 피할 수가 없다.

유혹을 떨쳐 내지 못하고 내가 손에 쥔들 얼마나 오래갈 것인가.

알면서 놓지를 못하고 끌려가고 있다.

그 이유는 나 자신을 모르기 때문이다.

유혹에서 벗어나는 것도 나를 찾고 내 안에 있는 밝은 신성과 함께한다면 내 감정도 이 세상도 넘어설 만한 힘이 생기게 된다.

모태 신앙이라고 하는 사람들이나 수십 년을 믿어 왔다는 사람들도 무엇을 어떻게 믿어 왔는지 궁금하기만 하다.

성경책을 외우고 말 잘하는 달인을 믿어 왔는지 보란 듯이 대단하게 지어진 교회나 사찰 건물을 보고 믿음이 생긴 건지?

아니면 저 높은 하늘 위 황금 보좌에 앉아 있다는 신을 믿어 왔는지?

무엇이 믿음이고, 무엇이 구원인지 확실하게 알고 있는지 모르겠다.

자신도 모르면서 무얼 믿는다고 하는지 알 수가 없다.

지금까지 믿어 왔던 구원의 확신을 100% 인정할 수가 있을까?

신은 나 자신이다.

내가 이렇게 살아야 하는지 구원도, 부활도 나한테 달려 있다.

멀리 보지도 말고 가지도 말자.

누가 누굴 구원한다는 건지 확실하게 분별하자.

내 안의 신께서 나 자신의 스승과 구원과 사랑이 되어서 나를 주관하는 것을 이제는 믿고 인정할 때가 됐다.

말로 하는 구원은 없다.

그들도 잘 모른다.

사람들이 모여 힘을 다해 기도해서 순간은 영적인 세계와 연결이 되는 것 같지만 그게 다가 아니다.

각자에게 그보다 더 큰 능력과 힘이 있다는 걸 인정하고 이 세상을 살아갈 때 빛처럼 길잡이가 되는 게 믿음이다.

또한 자신을 믿는 게 믿음이다.

누구의 말을 들어서 구원받는 시대가 아니라는 걸 알아야 할 때이다.

이것을 믿는 자들은 남는 자들이고 믿지 않는 자들은 그들이 선택한 길로 갈 수밖에 없다.

끝까지 남는 자들이란, 신의 인격과 성품을 닮아 세상에서 빛의 역할을 하는 사람을 말한다.

이들에게는 심판도 재앙도 없다.

끝까지 남아 살아갈 수 있는, 즉 영생의 축복이 선물이다.

진리의 말씀을 남겨 둔 것은 깨달을 수 있도록 기회를 준 것이다.

본인의 선택대로 가는 사람들은 체면과 남의 눈치와 이제까지 쌓아 온 본인의 공을 한순간에 바꾸기가 쉽지 않을 것이다.

이러한 사람의 마음속에는 항상 의심이 있어서 마음속으로는 갈등이 오면서도 표면상으로는 아무렇지도 않게 보인다.

이런 사람들은 끝까지 남는 자들이 가는 축복과는 먼 반대쪽으로 가는 사람들이다.

지금도 믿는 사람들은 전도와 봉사로 무척 바쁜 생활을 한다.

이렇게 해야만 하늘의 축복을 받는다는 신념으로 말이다.

하늘 위에 있는 신(하느님)을 생각하면서 그 나라에 가려는 바람으로 하는 것이다.

종교 지도자들이 인도하는 길은 그 길밖에 없으니까.

옛말에 개똥밭에 굴러도 이승이 좋다는 말이 있다.

종교인들이 그토록 바라고 있는 천국이 개똥밭보다 못해서 일찍 가고 싶어 하지 않은 걸까.

그렇게 좋은 천국이라면 너도나도 먼저 가려고 하겠지만 종교인들도 두려워하는 곳이 죽어서 간다는 그곳, 천국이라고 생각된다.

이제까지 믿는다 했어도 마음의 짐들이 무거워 기도로 풀어 보려 했지만 해결되는 건 없었다.

나의 존재를 알았을 때 나와 네가 하나이며 세상과도 하나임을 알게 되어 행복한 마음으로 자유롭게 살아갈 수 있게 된다.

먼저 깨달아 내가 누구이며 어떻게 살아야 할지도 스스로 알게 되며 어디에도 구속되지 않고 참자유와 평화스러운 마음으로 이러한 기적들이 나에게서부터 일어나기 시작하면 이 세상은 사람들이 원하던 평화스러운 세상으로 변할 것이라고 믿는다.

그 세상은 죄악도 슬픔도 차별도 없는 인간이 생각하고 원했던
세상.

멋있고 신나는 천국이 우리를 맞이할 것이다.

이것이 바로 인간이 바라고 원했던 세상이 아닌가 싶다.

죽어서 가는 세상이 아닌 살아서 누리는 세상으로.

이게 바로 천국인 것이다.

내 작은 이익을 위해서 사랑하는 사람들의 마음을 아프게 하고
본인의 것만 챙기려 하는 어리석고 유치한 마음을 가진 자들은 천
국 생활을 누릴 기회가 온다 해도 내가 가지고 있는 것을 놓칠까
봐 불안해하겠지만 이런 사람들은 어디를 가도 본인 마음에 빠져
세상과 인간을 이용하면서 오염시키고 있는 오염자들이다.

이런 사람에게는 여러 개의 욕심을 쌀 수 있는 보자기가 필요할
거 같다.

욕심의 보자기.

이중적인 마음의 보자기.

집착의 보자기.

거짓의 보자기.

위선의 보자기.

이 모두를 이 보자기에 싸서 죽을 때 가져가면 된다.

사람 마음 하나 바꾸기가 백지장 한 장 차이라고 한다.

사람이 곧 세상이고 세상이 곧 사람인 것을 알고 있는 사람도 알면서도 모르는 척 살아가고 있는 경우도 있다.

본인의 세계에 갇혀서 살다가 그대로 가는 사람들인 것이다.

웃음도 거짓이고 배려나 베풂도 거짓인 사람.

양심은 있지만, 양심의 문을 잠가 버리고 사는 사람.

그 나름대로는 그것을 세상을 살아가는 지혜라고 생각하는 사람을 말한다.

신은 멀리 있지도 않고 높은 곳에 있지도 않다.

또한, 종교에도 없다.

신은 내 안에 늘 나와 함께 있다.

지신들이 생각하는 아름다운 지상낙원은 종교 속에 있는 것이 아닌 내 안에 있고 나 자신이 에덴동산이고, 천국인 거다.

죄악하고는 상관없는 존재들이라 생각한다.

작은 빛이 모여 큰 빛으로 빛날 때 이 세상은 사람들이 갈망하는 천국으로 바뀌게 되어 있다.

선과 악은 빛과 어둠이기에 사람들의 마음속에 두 가지가 함께 공존하고 있지만 그것을 알아차리는 즉시 마음을 선한 쪽으로 바꾸기만 하면 된다.

선도 악도 전염이 되듯이 자신을 관찰할 수 있는 지혜로운 마음을 가지고 있다면 문제 될 것은 없다.

누가 말해서 되는 게 아닌 스스로가 판단할 수 있고 선택할 수 있는 힘이 있기 때문에 마음먹기에 달린 것이다.

언제까지 망설이는 일을 되풀이할 수는 없다.

꽃이 지면 열매가 열리듯이 인간에게도 기회가 와도 알아차리지 못한 채 살아가는 염려로 가슴이 막혀 부정적인 생각에 지배를 당하고만 살아왔다.

도덕적이고 인간적인 사회라는 말은 많이 들어 왔지만 개인 욕심을 위해서는 부모 자식도 버리는 세상이다.

잔머리 굴리면서 진실한 척하면서 좋은 모습만 보여 주려 하는 사람들이 더 인기 있고 인맥이 좋아야 출세하는 세상이라고 말하는 사람들이 있다.

어떻게 보면 현실 속에서는 당연한 말인지도 모른다.

이 세상에서 꿈을 못 이루고 다음 생에 다시 태어나면 행복하게 살 수 있을 거라고 말하는 사람은 현실에서 꿈을 이루지 못해서 불행하다는 걸까?

어차피 놓고 가야 하는 줄 알면서도 마음은 미움과 분노, 실망이라는 무거운 짐에 눌려 잠 못 자는 사람들도 있다 하지만 알면서도 이것을 넘어설 힘도 능력도 없다.

받으려고 한 적 없지만 받아 본 적도 없다는 둥.

이런 생각으로 자신을 포기하고 사는 사람은 생각 속에 빠져 고통을 받고 세상에서 받는 고통은 뻔한 것임에도 헤어 나오기 힘들어한다.

쉬운 일은 아니라고 생각은 하지만 가끔은 바람과 새소리가 있는 곳으로 가서 자연과 교감을 해 보는 것도 좋은 방법이 될 수 있다.

내 마음을 달래 주는 방법에 한몫을 해 줄 거라고 생각한다.

잊고 있었던 편안한 미소와 함께 고요하게 숨을 쉬어 가면서 몸과 마음을 푹 이완시켜 보자.

다시 숨을 고르면서 안정 모드로 돌아오게 되면 평온해져 있는 마음을 느끼게 된다.

긴장했던 마음이 풀어지면서 큰 힘이 자신을 감싸 주고 있다는 것을 내면을 통해서 본래의 내 모습뿐만 아니라 모든 인간이 갖고 있었던 모습을 기도와 명상 몰입으로 느낄 수 있도록 에너지가 함께하는 것이다.

이 모습이 자연스러운 모습이고 인간 내면이 자연적인 조건들을 통해서 나타나는 것이다.

자연이라고 하면 큰 거리감이 있기는 하지만 가까운 눈에 보이는 것들을 통해서도 내 마음을 관찰할 수 있는 것은 인간도 자연의 일부분이기 때문이다.

돌멩이 하나, 풀 한 포기 또한 자연적인 현상들.

빗소리, 바람 소리, 하늘의 구름까지도 모두가 가능한 자연의 친구들이다.

자연이라는 건 어려운 말, 어려운 글이 필요치 않다.

있는 그대로 보이는 모습이 가장 자연스럽고 아름다운 것이다.

그 속에서 생명의 숨을 고르면서 마음을 느끼는 것이다.

자연스러움이 가장 멋있고 아름다운 것처럼 자연 자체로 있는 그대로 느껴 보는 것이 기도이고 명상이다.

자신을 잊어버리고 다른 나로 살아왔던 삶에서 본래의 모습을 찾는 방법은 멀리 있지 않고 어렵지도 않다.

자연의 공식은 단순해서 인정하는 순간 교감이 되는 것이다.

자신을 믿고 내면의 힘에 맡기는 습관이 되다 보면 알아서 되는 것이다.

기도는 잠깐의 감정으로만 느끼고 만족하는 게 아니고 몸과 마음, 우리의 삶에 녹아 생활화가 되어야 변화가 된다.

또한, 기도의 힘은 몸과 마음을 치유하는 힘이 있으면서 무에서 유를 창조해 내는 에너지이기도 하다.

몸은 마음을 따르고 마음은 몸을 따르고 있기 때문이다.

기도 속에는 순수한 에너지만 존재하기 때문에 자연스럽게 언제든지 함께할 수가 있다.

상처가 많은 마음일수록 자기방어의 벽이 두껍다고 생각하겠지만 그것도 문제가 될 것은 없다.

기도의 힘과 능력은 이런 부분을 치유하는 전문가이기도 하니까.

듣고 보는 것만으로 되는 기도가 아닌 체험과 변화에서 오는 진정한 마음이 내가 어떻게 살아야 하는지 답을 받을 수 있게 한다.

자신의 존재 가치를 존중하며 인정해 주는 게 진정한 마음의 변화가 아닐까 한다.

내면을 관찰하면서 기도를 통한 최상의 만족감, 행복감을 내 것으로 만들어 보자.

언제까지 몸 따로 마음 따로 힘들게 살 것인가.

보이지 않는 신을 찾고 느껴 보려고도 했지만 신은 내 마음, 나를 발견할 때 만나는 것이고 그때 신과 하나라는 것을 알게 된다.

내 마음과 영혼에 있는 최고의 신.

그걸 알아차릴 때 나 또한 하늘 아래 가장 위대한 존재라는 걸 인정하게 되는 믿음이 생기게 된다.

별다른 공부나 방법이 있는 건 아니다.

그저 마음만 바꾸고 편안한 숨과 함께 본인이 원하는 방법.

뭐든 다 좋다.

예수나 부처, 하늘, 땅, 바다 모두 다 괜찮다.

처음은 그 대상에 집중하면서 호흡을 하게 되면 몸과 마음이 편안해지고 따뜻해지는 걸 느끼게 된다.

그 마음은 그 상태로 몸과 마음을 그 에너지에 맡겨 버리면 되는 것이다.

알고 보면 너무 쉬워서 인정하지 못하고 막연하게 어렵다는 생각을 하게 되지만 그러다가 어느 순간 느끼게 된다.

마음 내키는 대로 한번 실천해 보자.

내가 존재하는 이유와 힘들어했던 문제들, 또는 과거, 현재, 미래가 확실하게 풀려 나갈 것이다.

마음을 비우라는 것도 뭘 어떻게 비워야 할지 애매한 말이었지만 자신을 믿는다는 게 신을 믿기보다 어렵게 느껴졌기 때문이다.

그런 고민은 이제 할 필요가 없다.

기도와 명상, 숨을 쉬는 것만으로도 가능하다는 걸 알 수 있을 것이다.

나를 느끼면서 느리고 크게 숨을 쉬어 보자.

처음엔 길게 느린 호흡을 10번 정도만 해도 몸이 편안해진다는 걸 느낄 수 있다.

이 방법은 처음에는 힘이 들어도 습관이 되면 언제 어디서든지 가능하다.

조금씩 집중하다 보면 각자 느끼는 정도가 다르겠지만 익숙해지다 보면 정신적, 육체적 이완이 된다.

이러한 경험을 하다 보면 사회생활, 가정생활, 개인 생활이 본인도 모르게 바뀌어 가는 걸 느끼게 될 것이다.

몸도 마음도 함께 건강하게 재생되어 가고 있다는 변화도 느낄 수가 있다.

배워서 되는 일도 있겠지만 혼자만의 연습으로도 얼마든지 가능하다.

내 마음이 변화되면 무한한 가능성을 발견하게 되고 본인도 모르게 자신감이 생기게 된다.

그것은 내 안의 신이 함께하는 것으로 몸과 마음, 생각, 감정, 행동까지 저절로 바뀌게 된다.

어려운 일 같지만 나를 만나게 되면 이러한 변화는 자연스럽게 찾아온다.

내면에 집중하면서 나를 알게 되면 나 자신을 사랑하게 되고 내가 귀하다는 것도 알게 된다.

나를 사랑하는 것이 남을 사랑하는 것이기 때문에.

이것은 신이 인간에게 준 사명이고 축복이다.

내 안에 있는 절대신.

신이라는 거창한 표현 같지만, 신과 나는 하나이기에 편안하게 숨을 쉬면서 내가 살아 있음을 확인하고 감사하는 것이다.

마음속의 문제점과 소원을 전달하는 것도 세상의 모든 에너지와 연결된 자신에게 기도하면 이룰 수 있고 해결될 수 있다는 믿음을 가지면 된다.

마음 안에 신이 있지만, 종교에 의지하고 몸과 마음을 다하여 구한다고 신이 내 앞에 나타나는 건 아니다.

내 안의 신을 인정할 때 신의 인격체로 변하게 되면서 신과 동행하는 생활이 시작된다.

이것은 죽어서 이루어지는 세상이 아닌 살아서 이루어진다는 사실인데도 믿어지지 않는다는 건 당연하게 생각될 것이다.

인간은 만들어질 때부터 신의 신성을 가지고 태어났지만 그 마음에 신이 심어져 있다는 사실을 알려 주는 사람은 없었다.

자라면서 성인이 될 때까지 경쟁만 하는 세상에서 눈에 보이는 현실에 빠져 살다 보니 자신이 누구인지도 모르는 채 잊고 살아가고 있다.

하늘과 땅 아래 있는 모든 것과 내 마음은 교감할 수 있고 함께 숨을 쉴 수가 있다.

내가 주인이기에 가능한 것이다.

하늘 위에는 에덴동산이 없다.

내 속에 있는 세상이 에덴동산이라 생각한다.

상상의 세상이 지금 내가 사는 세상이고 하늘에 있다는 천국과 에덴동산이 내 마음 안에 있다.

창조할 수 있고, 누릴 수 있는 능력이 우리 안에 모두 있기에 선악을 알 수 있다는 과일도 이 세상에 있고 그 과일을 먹어 잘못되었다는 결과가 이 세상을 어지럽히고 있는 비유의 말인 것이다.

그것을 회복해야만 나와 이 세상의 에덴동산이 회복될 수가 있다.

이제는 착각에서 깨어나야 한다.

아무리 똑똑하고 지식과 능력이 특출한들 보이는 세상에 빠져 산다면 눈 뜬 소경이 아닐까.

자신들의 내면으로 들어가 보자.

한 사람 한 사람이 변화된다면 언젠가 이 세상은 신들의 세상으로 바뀌게 된다.

인간 세상과 신들의 세상이 따로 있는 게 아니다.

어렵기만 했었던 문제들이 가장 쉬운 방법을 통해서 빠르게 변화되는 것을 느낄 수가 있을 것이다.

길가에 피어 있는 꽃 한 송이를 봐도 어느 것 하나 의미 없는 게 없다.

꽃과 교감을 해 보면 내가 꽃이 되고 꽃은 나 자신이 된다.

하늘과 구름과도 마음으로 속삭여 보자.

분명, 하늘과 구름도 나에게 마음을 열어 줄 것이다.

이러한 현상들이 신기하고 아름다운 모습이 아닐까?

그것은 내가 꽃의 눈으로 바람과 구름의 눈으로 모든 집착에서 떠나 바라보았을 때만 가능하다.

집착을 버리려고 해도 그냥 버려지는 게 아니다.

내가 나를 알게 될 때 인간의 마음이 아닌 신의 마음으로 되었을 때 모든 자연과 우주 만물과도 하나가 되고 신의 마음으로 차츰 커질 때 우주와도 얼마든지 소통할 수가 있다.

언제까지 걱정, 근심과 질병에서 벗어나지 못하고 살 것인가?

스스로 행복하다는 사람도 있겠지만 인간의 영역에서만 할 수 있는 말이기도 하다.

사람이 천국을 만드는 것을 종교에서 배우는 게 아니다.

마음이 쉴 곳, 편안하고 영생할 수 있는 곳으로 안내해 주는 곳이 종교라고 믿어 왔지만, 나 자신 속에 있는 선과 사랑이 편안한 천국이다.

교회에서 신비한 축복의 말과 거기에 걸맞은 음악을 들으며 사람들은 그 시간이나마 천국에 갈 수 있다고 믿지만 낙타가 바늘귀에 들어가기 어려운 것처럼 솔직히 천국을 갈 수 있다고 스스로 인정할 수 있는 사람이 얼마나 될까?

내 영혼이 위로받고 구원받을 수 있다는 천국.

그래서 빠짐없이 교회 가고 헌금하고 봉사하고 열심을 다하고 있지만 천국은 없다.

살아 있는 모든 것은 생명을 다하고 죽으면 자연으로 돌아간다.

죽을 때까지 천국을 그리워하는 것보다 현실적이고 효과적인 진실한 방법이 있다.

내 안에서 풀리고 마음이 변화되어 사랑을 실천해 가는 믿음이야말로 종교라고 할 수 있다.

그게 훨씬 더 쉽고 간단하고 평안하지 않겠는가?

이미 마음은 좋은 말씀들로 꽉 차 있다.

저장되어 있는 말씀을 실천하고 바꾸기만 하면 되는 것을 종교에만 의지하고 있어서 자신을 인정할 수가 없다.

알게 되면 바꾸고, 바꾸고 나면 쉬워진다.

느낄 수 있는 새로운 변화가 오게 되고 자신을 믿고 인정하는 마음이 저절로 생기게 된다.

작은 실천은 큰 실천으로 바뀌고 작은 변화가 큰 변화를 가져오게 된다.

먼저 생각을 잠시 내려놓고 나에게 집중하면서 호흡과 함께 내면을 느껴 보자.

마음이 힘들어질 때 이런 방법도 좋은 방편이 될 수 있다.

언제까지 이렇게 혼란스럽고 불안정한 세상에서 살아갈 수는 없다.

하지만 인간만이 세상을 바꿀 수가 있다.

지구의 특별한 존재로서 인간들이 본래의 선한 마음을 되찾게 될 때 오염된 지구도 살아날 것으로 믿는다.

작은 일에 사로잡히며 서로 간의 이해관계를 무시하는 것에서 벗어나 즐거운 희망으로 지금부터 조금씩 내면으로 몰입을 시작해 보자.

간절하게 하는 기도에서 큰 에너지가 나오고 작기만 했던 마음이 큰마음으로 바뀔 때 모든 것은 새롭게 창조되고 신들의 세계가 만들어질 때 이 세상은 분명 큰 변화를 맞이할 것이다.

질병과 무서운 재앙이 물러가고 천국과 극락의 대명사가 이 세상에 펼쳐질 것이다.

인간을 위한 세상.

이것은 환상이 아니다.

교회라는 건물 안에서 구한다고 이루어지는 게 아닌 개인의 믿음과 간절한 바람으로 가능한 일이다.

세상살이에만 비전이 있는 게 아니고 이럴 때도 해당하는 말이기도 하다.

한 사람의 생명이 얼마나 위대한 존재인가를 알았으면 하는 생각이다.

지금 이 시대는 과학이 발달하여 신들이 하는 일까지 접근해 왔다.

AI, 인간 복제나 우주여행 등.

먹거리도 계절에 상관없이 사계절 식품을 다 먹을 수 있도록 발전해 있고 앞으로는 이보다 많은 것이 발전할 것으로 보고 있다.

하지만, 과학에도 한계는 있다.

신의 영역과 인간이 가지고 있는 감성은 침범할 수가 없다.

눈에 보이는 현실감 있는 세상이 매력은 있지만, 그 속에 살아 있는 생명의 에너지는 없다.

신의 생명 에너지는 오로지 내 안에서 존재하고 그곳에 있는 것이다.

자신 속에 있는 신과의 미팅은 어떠한가?

자신이 새로운 마음으로 거듭나게 되면 귀한 신이 내 안에 함께 한다는 것을 깨닫게 된다.

그것은 아는 것에 머물지 않고 마음에서 오는 느낌에 집중해 보면 자신 안에서 분명 메시지가 떠오를 것이다.

궁금해야 할 가치가 충분히 있다고 생각한다.

그것은 이 세상과 모든 사람을 위해서 어떻게 살아가야 하는지를 알게 한다.

나와 남은 둘이 아닌 하나이고 모든 것도 하나이기 때문이다.

이 말 한마디만으로도 고개가 끄덕여질 것이다.

나만을 위해서 쌓아 왔던 욕심들.

남과 비교하고 교만하며 질투하고 미워하는 마음들.

그 누구도 내 삶을 대신해 줄 수가 없고 신과 내가 연결되는 것도 자신만이 할 수 있다.

영혼은 보이는 것이 아니다.

종교에서는 남의 영혼까지 관리해 준다고 모든 것을 동원해서 사람들의 가슴을 뜨겁게 해 보려 하지만 그것은 잠시 느끼고 사라질 뿐이다.

언제 어디서고 찾을 수 있고 만날 수 있는 따뜻하고 평온한 나의 영혼을 위해서 마음의 눈을 떠 보자.

한 차원 높은 신의 영역으로 들어가 보자.

신의 영역은 아름답고 좋은 곳에만 있는 게 아니다.

범죄자여도 본성에는 사랑과 따뜻함을 알고 있다.

범죄자의 마음도 내 마음이 될 수 있고 내 마음도 범죄자의 마음이 될 수 있다.

왜 그럴까?

나를 모르면 감정에 끌려다녀서 조절이 안 되기 때문이다.

모두가 한곳에서 온 하나이기 때문에 감정의 조절이 안 된다는 건 자신의 내면에 가까이 접근하지 못하고 있기 때문이다.

그럴 때일수록 느린 호흡으로 감정을 가라앉도록 해 보자.

인간의 감성과는 점점 더 멀어져 과학화되어 간다는 현실에서 인간인지 로봇인지 구분 못 하는 세상에 끌려다니며 살 것이 아니고 깊이 있게 자신의 내면에 귀를 기울여 보면 지금이 지구와 자연과 인간과의 진실한 대화가 필요한 때라는 것을 알려 줄 것이다.

인간들이 살기 좋은 세상으로 바꾸어야 한다.

지식과 과학이 앞서가는 정신없는 세상을 보고 웃고만 있을 수가 있을까?

채워지지 않는 인간의 욕구에서 인간이 우선이지만 세상에 밀려서 외로운 존재가 되어 버린 것이다.

이 세상에 아름답고 좋은 것도 많지만 그 속에 사랑과 편안함이 있다고 말하기는 어렵다.

숨만 제대로 쉬어도 마음이 편안해지고 안정이 되는데 나 역시 몰랐을 때는 여러 방법으로 마음의 문제를 해결해 보려고 했지만 되질 않았었다.

모르기 때문에 많은 사람이 외롭고 힘들다고 한다.

인간이기에 당연한 말이다.

자신을 발견하지 못한 데서 나온 말이고 눈에 보이는 게 전부가 되어 있기 때문이다.

우울증이나 고독감은 어떤 약물 치료도 소용이 없다.

정신적으로 오는 이러한 현상들의 치료법도 자신에게 맞는 적합한 방법으로 시도해 보자.

호흡과 기도, 명상 모두가 좋다.

나 자신도 이런 방법으로 해결했고 벗어났다.

마음의 자유를 얻었다는 건 놀라운 기적이었다.

편안한 생명의 호흡으로 시작해서 내 안의 신과 대화를 하는 것이다.

가장 평화롭고 아늑한 쉼이다.

살아 있는 동안 이처럼 아름답고 편안하고 자유로운 세상이 천국이 아니던가?

기도하는 방법은 배울 필요가 없다.

나 스스로와 기도와 명상으로 대화하면서 영혼의 꽃을 피우고 진실한 깨달음을 얻으며 사랑을 알게 하면 된다.

그것이 인간이 세상에 태어난 의미이고 이루어야 할 과제들이다.

인간은 숨이 멎으면 부활이 없다.

자연으로 돌아갈 뿐이다.

예수가 말한 부활은 하나의 의미이고 비유다.

부활은 살아 있을 때 새로운 마음으로 변화되어 신의 인격으로 거듭남을 말하는 것이다.

또한 과학이 끊임없이 발전해서 그 기술이 인간과 함께 가고 인간의 감성까지 더해진다면 모든 인류가 신세계를 만날 날이 머지 않으리라 본다.

새로운 세상, 새로운 마음을 가진 인류가 신들이 되어 변화된 세상을 살아갈 때 그곳은 질병도 고통도 분명 없으리라고 생각한다.

인간이 살고 싶은 만큼 살 수 있고 다투고 욕심도 없어진 새로운 세계가 창조되는 지구.

그동안 인간에게 천국이라는 명목으로 굴레를 씌웠던 종교도 사라져 버린 그러한 곳이 종교와 인간이 꿈꾸고 바라던 세상이 아니었던가?

인간에게 주어진 고통이 있었기에 종교가 스며들기에 안성맞춤이었고 고통이 있어야 천국이라는 나라가 빛을 나타내기 때문에 인내와 고통을 달게 받으면서 오랜 세월을 기다려 왔다.

종교 생활을 하는 중에도 좋은 감정만 가지고 살지는 못했지만 지금은 자신을 찾아가면서 감정도 다스릴 힘이 생겨났다.

자신을 발견한다는 것은 하나의 세상을 얻는 거나 다름없으므로 첫째는 나를 알아 가는 것이다.

이 세상 모든 것을 다 가진 사람도 100% 행복하다고 말할 수 있을까?

생활의 만족은 있을지라도 마음의 평안과 행복이 충만하다고 자신 있게 말할 수 있는지 궁금하다.

이제까지 자신을 모르고 다른 나로 살아왔던 삶에서 지금은 나의 본래의 모습을 찾아야 할 때인 거 같다.

그것은 멀리 있지도 않고 힘들고 어렵지도 않다.

너무 자연스럽고 단순하여서 관심을 주지 않았던 것이다.

많은 부류의 사람이 살아가고 있는 세상이지만 거의 대부분이 나만을 위해서 살아가는 사람들이다.

내 이익을 얻기 위해서 착함과 신뢰로 위장하여 상대에게 다가가 원하는 것을 얻어 내고야 마는 사람.

착해 보이지만 착하지 않고 따뜻한 사람 같지만 냉정하고 욕심 없는 사람 같지만, 끝없이 내 것을 갖기 위해 집착하는 본인만 아는 이기적인 마음.

받는 것은 세련되게 받고 주는 것에 인색한 사람.

머릿속으로 계산이 빨라서 내 것은 절대 내보이지 않고, 내 것은 취하려 아부나 거짓 진실로 다가가 원하는 것을 얻어 내고야 마는 이런 마음은 본인들은 알고 하는 것이어서 고쳐지기가 힘들뿐더러 고치려고도 하지 않는다.

자신의 내면에는 관심이 없고 보여 주기식으로만 사는 그런 경우들이 너무나 많다고 생각한다.

세상이 어렵고 어지러울수록 이와 같은 사람들이 많아질 것으로 본다.

그러한 마음으로 살아가고 있는 사람들에게 상처받고 실망한 사람들도 많지만 자신을 성찰하는 마음으로 돌아와서 밝게 웃을 수 있고 인간답게 살 수 있는 세상으로 바꾸어 가는 건 너와 내가 할 수 있는 일이라고 본다.

내 것은 없지만 모자람도 없는 모두가 행복한 꿈을 꿀 수 있는 우주적인 마음이 이런 게 아닐까.

기본적인 감성까지 잃어버리고 의심과 질투로 남과 비교하기 바쁜 마음의 곰팡이, 궁색한 보따리만 커질 뿐이다.

삶에 대한 철학적 메시지들이 이 세상에 산처럼 쌓여 있어서 듣고 배우면 마음의 양식이 된다고 하지만 이것은 극히 작은 체험밖에 되지 않는다.

머리가 아닌 마음으로 온 우주와 내가 그렇게도 원하던 천국을 느꼈다면 그 에너지를 모든 생활에서 쓸 수 있게 되어 있다.

사후 세계는 아무것도 없다.

볼 수도 만질 수도 느낄 수도 없다.

살아서 움직이는 동안 나의 영이 내가 원하는 것을 함께해 줄 뿐이다.

사후를 위해서 사람들은 물질과 몸으로 종교에 적립하고 있지
만 그건 어디까지나 나만을 위한 이기적인 행동이라고 본다.

신이 그렇게 하라고 명령한 적은 없다.

내가 원해서 했을 뿐이다.

예수와 부처의 뜻을 모르기 때문이다.

진리라는 말로 사람들에게 보이지 않는 굴레로 가두지 말고 연
기하는 종교가 되어서는 안 된다.

선과 악이라는 것도 얇은 종이 한 장 차이인데 그들은 천국과
지옥을 가 본 적이 있는가?

부풀릴 대로 부풀린 상상의 천국.

자기암시를 기도로 끝없이 해야만 얻을 수 있다고 생각한다.

사람들은 진실이라 하여 따르고 있지만, 천국이라는 국가는 없다.

자신에게 물어보자.

자신이 누구인지 알았으면 어떻게 살아야 하는지도 스스로 알
게 되어 있다.

판단받고 구속받을 이유가 인간 누구에게도 없다.

나를 알고 인정하는 것만이 진정한 자유를 누릴 수 있는 자유인

이 된다.

깨달은 성인들이 남긴 말들은 지식이 아닌 지혜의 덩어리다.

그 지혜를 종교 지도자들은 단체의 이익을 취하기 위해서 사용하고 있다.

종교에서 말하는 지혜로움을 자신들에게서 찾아내어 의식이 밝아짐을 다시 느끼는 기회로 삼아야 한다.

사랑하는 나 자신에게서 모든 것을 이룰 수 있고 진리로 자신을 찾아 만족감을 얻을 기회를 만들어 내는 건 모두가 할 수 있는 일이다.

종교 세계에서 온갖 부를 누리고 이름을 날리면서 자신들을 성인들보다도 더 신격화하는 종교 공화국이 되어 버린 사회가 과연 행복하고 미래를 보장해 줄 수 있을까.

종교 지도자 본인들은 알고 있을 것이다.

오죽하면 종교 공화국이라는 말까지 떠돌겠는가.

진리와는 상관없이 신학 대학을 졸업하고 목사 자격증을 얻는 종교 지도자들에게 "마음공부도 많이 하셨습니까?"라고 묻고 싶다.

신학을 공부해야 인정을 받아 활동을 시작한다.

배우면 되는 영성 지도자.

그게 은혜고 신령스러운 코스가 되는 것이다.

이 세상에 신을 모르는 사람은 없다.

신은 보이지 않기에 여러 모양과 모습으로 신을 만들어 제사를 지내고 절대신의 메시지를 받아 소원을 빌며 문제 해결을 한다고 한다.

사람이 살아가면서 섬기며 존중해야 할 대상으로 신을 선택했고 행복을 느끼는 것이다.

방법은 다르지만, 문명이 발달한 나라도 같은 맥락이다.

보이지 않는 신이기에 종교에서는 뭐든 말하고 지시를 한다.

마치 신의 섭리를 깨달은 양으로.

그런데 참 다행인 것은 만일 신이 보이는 존재라면 신은 아마도 몸살과 과로로 입원했을지도 모른다.

성공한 지도자들은 옛 성인들보다 더 큰 영광을 누리다 간다.

부질없다 하면서도 모두가 부러워하고 원하고 있는 모습을 보면 이래서 세상이 어지럽고 가진 자가 약한 자를 우습게 보는가 하는 생각이 들기도 한다.

본인의 출세를 위해서 남을 속이려 드는 사람들.

그 마음속은 맑은 마음이 아닌 탁한 마음일 것이다.

맑은 물을 마시면 몸이 건강해지고 탁한 물을 마시면 몸에 병이 생긴다는 건 모두가 알고 있는 사실이다.

그래도 본인들의 이익을 위해서 여러 가지 가면을 써야 존경받는 세상이다.

이것이 세상이고 이래서 세상은 혼란스러워졌다.

하지만 세상도 유효기간이 있고 오염되어 버린 세상은 병들어 가고 있듯이 사람과 사람 사이에도 불신과 좋지 않은 현상들이 일어나고 있다.

이런 일들은 종교도 해결하지 못하고 종교 지도자들도 입으로만 외쳐 댄들 근본적인 문제들은 절대 해결되지 않을 것이다.

이러한 행위들은 자신을 알지 못하는 데에서 오는 것으로 생각한다.

제아무리 잘난 사람도 자연의 섭리를 어기고 살아남을 수 없다.

자연의 섭리가 곧 신의 섭리이듯이 진실한 마음만이 자연의 섭리와 하나가 될 수 있다.

이것을 거스르는 순간 이 세상을 오염시키는 탁한 에너지가 탄생하는 것이다.

이런 순환이 계속된다면 인간은 병들고 인간은 영원히 신을 만날 기회를 잃어버리게 된다.

환상으로만 존재하는 신만 존재할 뿐이다.

이 세상도 깨어나고 나 자신도 깨어나서 몰랐던 것들을 확실하게 알아 갈 때 신과 하나인 것을 체험하게 된다.

신은 어디에 있는지 자신에게 물어보자.

신의 형상이 바로 자신이라고 말해 줄 것이다.

신의 마음이 깨어 있는 인간의 마음이고 신의 창조 능력도 인간에게 있다.

욕심과 집착, 시기, 질투 속에서는 이런 사실을 알 수 없지만 깨어서 자신을 아는 자만이 알 수 있고 마음의 안정과 평안을 누릴 것이다.

깨어 있다는 건 자신이 누구인지 아는 것이다.

깨어 있으면 살아가는 방법도 완전히 달라지게 되어 있다.

먼저 자연 앞에 겸손해지자.

사람들의 진심과 통하게 하는 일이다.

교회 건물 안에 있지 않은 내 안에 있는 신과 함께할 때, 위대한 창조자가 바로 자신이라는 것을 믿게 되고 내 안의 신을 어떻게 쓰는가도 스스로 깨닫게 될 것이다.

대부분의 사람은 본인과 가까운 사람들을 위한다.

아니면 본인만을 위하는 이기적인 사람도 있을 것이다.

이런 사람들은 웬만해서는 겉으로 표시가 나지 않는다.

본인에게 충실하고 남에게도 친절하며 겸손해 보이는 사람이지만 본인 외에 남들에게 물질로는 절대 베풀 마음이 없는 사람도 있다.

베푼다고 해도 본인의 이익을 위할 때만 겨우 체면치레 정도로만 행동한다.

그런 사람들은 자신의 신을 유치하게 이용만 하는 것이다.

작은 것으로 큰 것을 움켜잡으려는 마음이 혹시 내 마음에도 있지 않을까 하고 점검을 해 볼 필요가 있다.

이기적인 사람들의 마음에는 자유가 없고 긴장하며 사는데도 사람들은 그런 사람들을 부러워하며 닮아 가려고 한다.

오염된 인간의 모습을 보여 주는 세상이다 보니 이기적이고 경쟁이 치열한, 어찌 보면 남을 밟더라도 나부터 살고 보자는 그런 사람들.

그들은 신을 인정한다고 하면서도 물질 앞에서는 비굴해질 수밖에 없다.

자신의 내면에 있는 인격적인 신보다 세상과 사람을 이용하고 내 안의 신령한 영까지 본인의 생활에 이용만 하면서 만족해하는 것이다.

그들의 생이 다할 때까지 이렇게만 살아갈 것인가?

잠시라도 더 깊게 마음을 관찰해 보자.

천천히 편안하게 숨을 쉬면서 잠깐이라도 자신과 대화를 나누어 보자.

자신과 대면 시간이 많을수록 좋다.

나와 남을 위해서 열정을 불태울수록 마음이 강화되고 보여 주기 위한 삶이 아닌 나에게 집중하며 존중하고 진심으로 사랑하는 마음으로 되어 보자.

자신을 모르면서 남을 알 수 없고 자신을 존중하고 사랑하지 못하면서 남을 사랑할 수 없다.

내면에 솔직한 사람이 세상을 위하고 이런 마음을 가진 사람은 보이는 것에 흔들리지 않는다.

멀리 있는 이야기가 아니고 지금 당장 이루어질 수 있는 일들이다. 믿어 보자. 그리고 시작을 해 보자.

자신에게 파이팅을!

한 사람, 한 사람이 새롭게 변화할 때 자신 안에 있는 신도 기뻐서 신이 난다.

지혜와 기쁨도 더욱 넘쳐 날 것이다.

모든 원리가 처음처럼 회복되고 우주와 인간 세상이 평화로움을 되찾을 때 이러한 변화가 참기쁨이고 평화가 아닐까 생각한다.

눈앞의 현실에서 조금씩 벗어나 보자.

여행도 좋고 사람들과 만남도 좋지만, 생각과 행동이 달라지는 방법부터 만나 보자.

수많은 지식과 좋은 교육이 있지만, 지식은 사람을 변화시키지를 못한다.

종교를 갖는다는 건 부족한 마음의 욕구를 채워 보려는 욕망이라고도 볼 수 있다.

보이지 않는 세계에서는 무엇이든 가능하다는 생각으로 억지로라도 밀어붙이면서 가는 것이다.

하늘과 자신을 연결하는 방법이라고 생각하면서 종교와 지도자들에게 달려 있는 것처럼 믿고 따라가고 있다.

그것은 꿈과 환상만으로 기쁨과 은혜를 느끼는 듯 착각을 하고 있다.

믿음과 평안은 누가 주는 게 아닌 영원히 함께하는 나 자신 안에 있는 신이 주관하는 것이다.

남이 주는 기쁨은 왔다가 가고 있다가도 없어지기도 하지만 자신을 믿는 믿음이야말로 진짜 믿음이다.

이것이야말로 자신의 신앙이라고 말할 수 있다.

약하고 힘이 없는 마음들은 뭔가에 의지하려는 마음이 강해서 종교에 매달리고 심취할 수밖에 없다.

종교에서 만족을 얻을 수 있다고 생각하기 때문이다.

종교와 신.

모두가 인간이 만들어 낸 것이다.

보이지 않는 신의 능력은 측량할 수 없다고 종교에서도 말한다.

보이지 않기 때문에 어떤 말을 하든지 이유를 붙일 수 없다는 걸 알고 있기 때문이다.

모든 것에 감사하고 믿는 대로 행하는 대로 이루어진다면서 열심히 온 마음을 다 바쳐 믿으라고 외친다.

원하는 일이 있을 때면 신 앞에서 기도로 구하지만 어려운 일이 생기면 기도와 감사가 부족하다고 말한다.

그들이 늘 하는 이런 말들로 오히려 가슴이 막히곤 한다.

뭐든지 구하는 쪽이 잘못하고 있는 것처럼 말하다가 문제가 해결되었을 때는 믿음이 좋아져 기도가 이루어졌다고 말하는 그들을 볼 때 갑자기 없던 믿음이 생겨난 것일까?

코에 걸면 코걸이, 귀에 걸면 귀걸이로 말하는 그들을 볼 때 안타까운 생각이 들기도 한다.

자신 안에 있는 참된 신은 본인과 항상 함께 있어서 위로와 함께 힘을 얻게 해 주곤 한다.

종교인, 비종교인의 구별 없이 그들 안에는 항상 신이 함께하고 있다.

선하고 정직한 마음으로 나의 길을 인도하고 동행하며 세상을 살아가는 지혜까지 더해 주고 있다는 사실.

눈과 마음이 세상 현실에 가려져 있어서 자신 안의 신을 만나 보지는 못했지만 원하기만 하면 만날 수 있다.

이제는 독립된 신을 만나 보자.

아직도 신을 찾아 영혼들이 방황하고 있지만, 자신에게 돌아가서 자신 안에서 찾아보라는 말을 하고 싶다.

과거도 미래도 아닌 현실에서 만날 기회는 나만이 할 수 있다.

살아 있을 때, 바꾸고 실천하면 원하는 것을 이룰 수 있다.

사랑과 겸손, 자비로 남을 돕는 것도 말이다.

죽어서까지 챙겨 놓고 대물림하려는 마음까지도 내려놓자.

마음만 바꾸면 되는 것을.

죽어도 못 바꾸는 사람들에게도 보자기 하나 선물하고 싶다.

죽을 때 아끼던 거 보자기에 싸서 가져가라고 말이다.

선과 악이 동시에 존재하는 것도 뜻이 있듯이 본인이 원하는 쪽으로 선택만 하면 되는 것이다.

진실과 정직으로 포장하는 삶을 사는 사람도 있지만 선, 악도 본인이 만들어 내는 것이기 때문에 자신의 마음을 잘 관찰할 수 있는 지혜가 필요하다.

악이라는 것은 너무도 교묘하게 사람의 마음을 유혹하면서 괴롭게 하는 역할을 한다.

선도 아니고 악한 것도 아닌 이게 함정이다.

자신을 모르기 때문에 남을 이용하고 자신의 이익만을 취하려 하는 그러한 마음으로 사는 사람들은 남들에게도 전혀 도움이 되지 않는 사람이다.

이러한 사람에게도 더 큰 보자기가 필요한 것 같다.

뭔가 알고는 있지만 우선 물질에 대한 그 집착이 마음을 주관하고 있어서 물질의 종이 되어 버린 그러한 사람들은 인간관계에서도 진실하지 못하고 진실하게만 보일 뿐 내면의 오염된 본모습은 보이지 않는 것이다.

마음속 깊이 본인의 속마음을 감추고 있어서 남들은 볼 수가 없지만, 사람들은 겉모습만 보고 평가를 하는 것 같다.

자신의 내면이 아닌 물질에 대한 계산법이 뛰어나 철두철미하게 보여 주기 위한 위장법에 능숙한 사람.

이것이 위선이고 악한 사람들의 모습이다.

진실한 마음이 없고 남을 판단하면서 이용 가치로 생각하는 겉과 속이 완전히 다른 사람.

여기에 신앙이라는 믿음까지 더해지면 사람들은 속을 수밖에 없다.

그들은 선과 악도 무시해 버리고 말로 완벽하게 무장하기 때문에 자신을 결코 볼 수가 없다. 이렇게 잔머리 굴리는 사람들의 내면의 신은 물질이기에 그 물질이 쌓일수록 이러한 매뉴얼의 힘은 더 커질 수밖에 없다.

물질에 대한 만족감으로 솔직함을 상실하고 남을 불편하게 하고 힘들게 하는지를 모르고 이기적인 마음으로 힘을 받고 사는 이러한 인간에게서 오염된 모습을 본다.

이런 게 더 무서운 거다.

자신의 존재를 잃어버리고 신의 존재를 부정하는 마음이 정직함으로 위장되어 있지만 남들과의 관계는 좋다.

환경과 대기오염이 무섭다 한들 이런 부류의 사람이 더 무섭게 느껴진다.

이용할 만한 사람 앞에서는 한없이 부드럽고 말 잘 듣는 양 같은 사람이지만 그렇지 않은 사람에게는 재빠른 판단과 함께 관심적은 뒤쪽으로 보낸다.

그렇다고 그들을 내치지는 않는다.

왜냐하면, 언젠가는 또 이용할 때가 있으니깐 말이다.

이런 사람들이 세상 속에 담겨 있어서 경쟁을 일으키고 질투와 끝없는 탐욕을 만들어 낸다.

이것을 그들은 본인의 능력으로 착각하면서 사람들을 이용하기도 하지만 그들도 언젠가는 이용당한다.

자신을 모르기에 이런 일들이 악순환되고 있다.

그냥 그럭저럭 살아온 현실이 다가 아닌, 자신의 마음을 깨워 보라는 것이다.

자신의 마음을 만나는 것은 배워서 되는 게 아니고 스스로도 얼마든지 할 수 있는 방법이 있다.

몰랐던 나를 알고 잠자고 있던 마음을 깨워 새로운 세상을 보게 되는 기회를 만들어 보자.

단체나 개인들이 숨을 쉬는 방법을 알려 주고 있긴 하지만 그럴 필요는 전혀 없다.

본인에게 맞는 시간과 장소에서 편안하게 숨을 쉬는 것이면 충분하다.

마음이 편안해야 안정을 얻을 수 있고 숨도 편안하게 쉴 수 있다.

본인의 내면을 보게 되는 방법은, 편안하게 숨을 고르다 보면 어느 순간 생각도 날아가고 숨을 쉬고 있는 것조차 모르게 된다.

기도나 묵상도 시켜서 하면 잘 되지 않지만, 마음을 내어서 한 번 시작해 보면 어려운 방법은 아니다.

악한 것을 좋아하는 사람은 없겠지만 본인의 욕구를 채우기 위해서 또는 세파에 흔들리다 보면 선과 악의 사이를 왔다 갔다 하기도 한다.

하지만 인간의 본성은 선하기 때문에 선과 악을 구별할 수 있는 마음은 있다.

알면서도 모르는 척하는 이기주의보다는 몰라서 못 바꾸는 사람이 낫지 않을까?

인간은 모든 능력을 다 갖추고 있어서 그 능력을 키우면서 선하고 정직한 마음으로 이 세상을 건강하게 바꾸어 가는 주어진 사명이 있기에 이 세상을 빌려 쓰는 사용 요금을 지불해야 하지 않을까?

인간은 신이기도 하기 때문에 내면의 메시지를 따라 성숙한 인격으로서 행복을 전달하는 파트너가 되어 주는 환경을 만들어 가는 것도 멋있는 일이라고 생각한다.

무거운 생각 속에 빠져 사는 사람들에게도 좋은 결과를 가져다 줄 수 있다고 생각한다.

이 모든 것은 자신을 찾는 데서부터 시작되기 때문에 당장은 착하게 살면 손해 보는 것 같아도 나중에는 모든 걸 변화시킬 수 있는 능력자들이 될 것이다.

신나는 일이다.

결국은 남이 아닌 나에게서 배우고 나에게서 구하며 나에게서 이루어지는 것이다.

수지맞는 일 중에서도 으뜸인 것은 자신의 신을 만나는 일이다.

우리는 신을 직접 만날 수 있게 만들어진 인간이기에 두드리기만 하면 마음이 열리고 행복하고 평안하고 또한, 보여 주고 알려 주는 그런 기적 같은 사실들을 믿고 마음의 문을 활짝 열어 보자.

진실한 세상을 만날 것이다.

이것이 신과의 만남, 나와의 만남이다.

울고 떼쓰는 아이를 볼 때 분별없는 마음의 눈으로 사랑을 가득 담아 아이의 눈을 바라보고 있으면 떼를 멈추고 울음도 어느새 그쳐져 있다.

사랑의 에너지가 전달된 것이다.

사람은 솔직해지면 손해를 보는 것으로 알고 자신을 감추기에 바쁘고 적당하게 솔직한 척하면서 나머지 부분은 잔머리가 관리하도록 맡겨 버린다.

진심과 사랑을 담아서 교감하다 보면 아이들은 금세 말을 잘 듣는 작은 천사가 되어 있다.

아이들의 눈을 보면 어떤 보석과도 바꿀 수 없는 빛이 나는 마음을 갖고 있다. 힐링의 에너지다.

원래 모든 인간의 마음도 그러했지만, 세상의 공해로 때가 묻어 버린 것이다.

모든 사람이 어린아이들처럼 그 순수함과 정직을 회복해야 하지 않을까 하는 마음이다.

체면이라는 것도 빼놓을 수가 없다.

마음은 딴 살림을 하고 몸 따로 마음 따로 사는 사람을 말한다.

사람들의 눈과 관심을 의식해서 완벽하게 보이려는 가면을 쓰고 사는 사람을 말한다.

마음은 간절하게 하고 싶은 쪽이 있지만, 체면이 먼저 걸림돌이 되어 안 그런 척하면서 본인의 모습을 바꿔 버리는 그런 사람의 눈을 보았을 때 진심이 아님을 알 수가 있다.

또는 항상 남을 먼저 앞에 놓고 본인의 겸손함과 배려로 이력을 내세우지만, 상대방의 마음이 불편한 것은 생각하지 못하는 것 같다.

남을 위해서 사는 인생이 아님에도 존경받고 싶고 업적을 남기고 싶은 마음이 있어서 그럴 거라고 생각한다.

이러한 사람들과의 대화는 거의 일방적이라고 생각한다.

일류 대학에 최고의 전문성을 가져야만 고개를 끄덕여 주며 관심을 준다.

본인 자체의 가치를 높이려는 마음을 느낄 수가 있고, 머리 공부만 했지, 마음으로 하는 공부는 전혀 해 보지 못한 사람들의 모습이다.

그 조건에 못 미치는 사람들과는 깊은 교류란 있을 수가 없는 것으로 보인다.

이러한 최고의 스펙이 본인 자신이라고 생각하는 현실파를 마주하면 상대는 주눅이 들어서 할 말도 없어진다.

그래서 사람들은 명예를 얻고 물질을 끝없이 끌어오려고 노력을 하는가 보다.

그런 사람들의 마음은 이미 욕망으로 가득 채워져 마음은 부자일지 모르지만, 그들은 자신도 모르고 신의 존재도 모르는 사람들이다.

신의 존재를 느낄 필요성도 없고 신의 존재를 아예 무시하거나 아니면 모르고 있다.

현실에서 한 가지는 천재지만 다른 내면의 것은 0점이라고 보면 된다.

사람들은 모두가 이런 사람들처럼 되고 싶어서 꿈을 꾼다.

마음이 부유한 자가 천국 가기가 힘들다는 말이 있듯이 이런 사람에게는 외로움이 친구가 될 수밖에 없다.

이런 사람들이 현실에서는 성공한 사람이고 모든 걸 다 가졌다고 보이니까 존경받고 사는 게 아닐까 싶다.

마음이 바뀌기 전까지는 이런 사람들의 마음은 현실이 신이 되어 버린 것이다.

언제든지 스스로 있게 한 자연의 일부가 되어 같이 숨을 쉬어야 끊어진 자신과의 교감이 이루어질 것으로 본다.

이 세상이 처음부터 지금, 앞으로도 영원히 있을 것으로 알고 있지만 시작이 있으면 반드시 끝이 있기 마련이다.

아담과 이브가 에덴동산에서 선악과를 따 먹으면서부터 선과 악의 분별력이 생겼다고 한다.

하지만 선과 악은 본래부터 존재했고 인간이 많아지면서부터 선과 악의 구분이 필요했기 때문에 그것을 선악과로 비유했을 뿐이다.

선악과를 따 먹어서 눈이 밝아진 것이 아니고 원래부터 있었던 선악이 부활이 된 것이다.

그래서 성경은 지식으로 풀어지는 것이 아닌 비유로만 쓴 내용이며 지금의 종교 지도자들이 비슷하게 풀이를 해서 전파하고 있다.

감추어진 보화라는 것도 진리를 비유하는 말이다.

이때부터 악한 일을 하는 사람은 심판을 받아 죽이기도 하고 벌을 받는 제도가 생겼는데 이것이 저주의 결과물이다.

성경은 자연의 이치를 따라 인간에게 선한 교훈을 알게 하는 지침서이기도 하지만 성경의 해석은 인간이 해 놓은 것이기 때문에 궁금한 점과 모순된 것이 있기도 하고 난해한 부분도 꽤 많이 있다.

인간은 스스로 존귀한 존재이기도 하고, 반대로 미련한 존재이기도 한 건 본인의 환경과 선택에 따라 결정되는 것이다.

이 말은 지금도 해당되는 말이기도 하다. 지금도 악한 일을 한 사람은 심판을 받아 고통스러운 감옥으로 가고 선한 일을 한 사람에게는 존경과 교훈이 돌아가고 있다.

이 세상에서 이루어지고 있는 법의 제도가 천국과 지옥을 보여주고 있다.

선도 악도 본인의 선택에 달려 있다.

그러면 선도 악도 아닌 중간쯤에서 적당하게 양다리 걸치고 사는 사람들은 어디로 가느냐가 궁금하겠지만 보이기 위한 사람들, 그것은 콩을 심었는데 콩은 나오지 않고 다른 어떤 것이 나올 때 선한 쪽은 결코 아니라고 본다.

천국이라는 것은 적당함이란 없다. 이용해서도 안 된다.

각자의 마음속에는 하느님, 부처님이 있어서 하느님 쪽으로 기도하는 사람, 부처님 쪽으로 기도하는 사람이 있지만, 기도는 한 가지이고 목적도 하나라고 본다.

본인 자신이 하느님이고 부처라는 그 뜻을 바르게 알아차리면서 그동안 선함으로 위장하고 살았던 것을 하느님과 부처님의 진리의 거울로 마음속을 비추어 보면서 얼마만큼 두껍게 위장하고 살아왔을까 생각하는 시간을 가져 보는 것도 필요하다고 생각한다.

성경책은 종합예술이라고 기록해 놓았다고 볼 수 있다.

이 세상일들이 모두 들어 있으니까.

그게 바로 길잡이가 된 것이다.

언제부터인가 이 세상은 보이지 않는 변화가 시작되었다.

동물들도 지진이 오기 전에 모두 안전한 곳으로 이동을 하는데 인간은 이 세상이 어떻게 가고 있는지 과학과 의술, 기계 기술에 홀려서 자연의 움직임을 보지 못하고 있다.

고작 자연재해, 환경오염, 기후변화, 이 정도로만 알고 있을 뿐이다.

이 세상은 처음 선과 악이 탄생하기 전의 세상으로 반드시 돌아온다. 어느 순간에 오는 게 아니고 지금 서서히 오고 있다.

인간만이 이 변화를 감지하지 못하고 있다.

자연의 섭리는 반드시 처음대로 회복된다는 사실을 알아야 한다.

과학기술로 바꾸는 치유가 아닌 자연 스스로가 하는 원상 복구다.

과학이나 의술이나 기계문명은 정점을 넘어서고 있지만 그렇다고 그것이 신의 영역까지는 넘어서지는 못한다.

자연의 이치를 바로 알고 보면 제아무리 발전한 문명도 자연의 힘을 이길 수도 없고 코로나바이러스를 비롯하여 여러 가지 질병과 재앙이 곳곳에서 생기고 기후변화가 온 것도 그냥 오는 게 아니다.

제자리를 회복하고자 하는 자연의 섭리로 봐야 한다.

많은 생명이 죽어 가고 있다.

앞으로도 어떤 재앙이 올지도 모르는데 질서가 어지러워진 세상을 어떤 과학자나 종교 지도자들도 바로잡을 수는 없다.

해 오던 습관을 쉽게 바꾸기가 어려운 것처럼 몸의 쾌락을 원하는 사람들의 입과 눈을 즐겁게 하려고 먹는 음식들까지도 지나치게 기교를 부리는 기술이 발달한 만큼 자연에 고통을 주고 있는 것이다.

성경책에 기록되어 있는 것처럼 시대를 분별하라는 것은 인간들에게 경고하는 지침서를 긴장하며 생각해 볼 필요가 있다는 말로 느껴진다.

교회는 교회대로 목사 지도자들까지도 등급을 매기고 있다. 물론 다른 종교도 마찬가지다.

누구나 공부해서 자격증 얻으면 할 수 있는 종교 지도자들.

그들은 진리를 모두 깨달아 이룬 자들일까?

죄의 표상인 지옥을 내세워 사람들에게 긴장감과 두려움을 주고 그것이 두려워서 인간은 종교를 모시고 살아가고 있다.

누구나 공부하면 할 수 있는 종교 지도자들에게 자신의 사후 세계를 보장받고 싶고 확인받고 싶어서 그 길에 줄을 서고 있다.

그들이 왜 구원자가 되고 어떻게 죄를 없애 준다는 건가?

종교 지도자가 영생을 주는 것이 아닌데도 종교에 굳이 매달리려고만 하고 있다. 자신의 믿음과 존재를 왜 의심하고 있는 걸까?

천국은 아름다운 말이다. 가장 아름다운 천상의 언어들(천국, 구원)이 종교에서 나왔듯이 가장 무서운 언어(심판, 지옥)도 종교에서 나왔다.

이런 말에 흔들릴 필요는 없다. 깨달은 자들을 닮아 간다고 본인한테 조금은 도움이 될지 모르겠지만, 자신을 모르면 근본까지 변화하기란 어렵다.

새들은 지저귀는 것이 사명이고 꽃은 아름답게 피는 것이 사명인 것처럼 인간에게도 주어진 사명이 과연 무엇인가를 알아야 한다.

지구가 병들었다고 모두가 말을 하고 지구의 종말론도 이야기한다.

그러나 지구의 종말은 없다. 단지 병들 정도로 지친 지구가 스스로 리모델링을 할 때가 오고 있다.

인간이 할 수 있는 일이라는 것은 내가 누구이며 어디서 왔고 어떻게 살아야 하는지를 관찰하는 일이 우선이다.

예수도 석가도 스스로 깨달음을 얻었듯이 인간들 또한 각자가 자신을 알고 깨달아야 한다.

그러기 위해서는 여러 가지 방법이 있겠지만 앞에서 말한 것처럼 자신의 내면에 집중할 수 있도록 우선 편안한 숨부터 쉬어 보는 거다.

숨을 쉬면서 나 자신이 고요해져야 알고자 하는 것을 얻을 수 있다.

인간이 지구를 병들게 하는 것도 지구의 원리를 모르고 원리가 있었는지조차도 모르고 그냥 살아온 것이다.

하지만 지구가 처음 생겨났던 그 시대가 되돌아오면서 지구는 회복이 되겠지만 앞으로도 어떤 재앙이 올지 확실하게 말하는 사람은 없다.

재앙은 인간들의 숫자를 감소시키고 자연 스스로가 필요한 만큼 최소한의 인간을 남겨 둘 것이다.

그게 바로 끝까지 남는 자라는 것이다.

재앙은 곧 심판이다.

여러 모양의 심판을 통해서 누가 어떻게 될지는 아무도 모르지만 누구라도 남아 있는 자가 되고자 한다.

제아무리 남을 돕고 좋은 말과 행실, 또는 모범적으로 살아온 사람이라도 남는 자가 된다는 보장은 없다.

남는 자라는 것은 끝까지 살아남는 자, 즉 구원받는 사람이라고 본다.

각자가 자신의 본성을 바로 깨닫고 나면 그 행실로 좋은 결과물이 많이 나올 것이다.

변질되지 않은 삶을 지켜 나가는 사명 또한 내 안의 관찰자이신 신을 항상 의식해야 한다.

흔들리지 말자.

나 자신까지 이용하지 말자.

진실을 가지고 살던 사람도 물질과 여러 가지 유혹의 손길에서
이겨 내질 못하고 타락한 영으로 변질되기도 하지만 인간의 마음
이 건강하고 진실하게 변화되면 지쳐 있는 지구도 회복이 되고 삶
의 방식 또한 인간들이 소원하던 대로 이루어질 것으로 생각한다.

쉬운 말 같지만 나 자신을 발견하고 완전히 바뀌기 전에는 꿈에
불과한 말이 될 것이다.

인간은 태어날 때부터 신의 마음을 가지고 태어났기 때문에 현실
에서 묻은 마음의 때가 벗겨지고 눈이 새롭게 밝아졌을 때 언제든
지 신과 소통할 수 있고 더불어 복된 삶을 누릴 수 있게 되어 있다.

내가 신 안에, 신은 내 안에, 얼마나 위대하고 아름다운 말뜻인
지 생각해 보았으면 한다.

멀리도 높지도 않은 곳, 내 안에 나와 함께 있는 참다운 신이 있
기에 내 생각과 행동이 선하고 정직하게 되어 인간이 바뀌게 되면
이 지구도 자연도 스스로 회복되어 신들이 사는 세상으로 바뀌리
라고 믿는다.

내 안에 있는 나의 신을 깨워 보자.

선함과 정직함이 곧 빛이다.

그 빛을 빛내고 사는 게 신들의 의무이고 그게 바로 각자 자신들이라는 것을 깨달아야 한다.

인간과 자연은 하나였고, 하나이고 하나여야 한다.

'참'을 찾는다고 도를 닦고, 기도와 명상, 묵상을 수행하는 사람들의 결론은 '내가 나'라는 말을 강조한다.

그것의 결과물은 모두가 본인의 공이라는 뜻일 것이다.

이러한 마음에서 위아래가 생겨나고 높고 낮음이 생겨났다.

깨달았다는 사람들의 마음이 나라는 존재감마저 없어질 때까지 도를 닦아야 하지 않을까 생각한다.

마음을 비우라는 것은 그냥 저절로 되는 게 아니고 먼저 자신이 누구인가를 깨달아야 모든 것을 내려놓을 수가 있다.

도를 닦았다는 사람도 자칫하면 본인도 모르게 내가 나오고 내 자랑과 내 경력, 내 공로, 내 의가 혼합되어 내가 만들어졌다는 착각을 한다.

이런 사람에게도 보자기를 선물해 주고 싶다.

보자기에 자신을 내세웠던 교만덩어리를 싸서 사후까지 가져가라고 말이다.

인간의 자랑과 교만은 끝이 없다.

겸손을 내세우는 자도 겸손 교만이고 이런 것들도 한계점이 분명히 있다는 걸 알아야 한다고 생각한다.

완벽하지는 않아도 끊임없이 자신을 성찰해야만 하는 이유는 자신을 알아야 본인도 살고 남과 더불어 함께 사는 세상이, 이 지구와 우주도 함께 사는 길이기 때문이다.

언제까지 명예와 권력, 물질 앞에 무릎을 꿇고 살 것인가?

이러한 것들이 필요하지 않은 세상이 머지않아 올 것이지만 그 시기는 아득하게 인간이 예수 재림을 손꼽아 기다리는 것처럼 막연하지만은 않을 것이다.

지구가 돌고 있듯이 인간의 삶도 계속 돌아서 먼저 된 자가 나중 되고 나중 된 자가 먼저 된다는 말대로 모든 게 처음으로 되돌아갈 것 같은 생각이 든다.

종교에서 말하는 성경책 속에 있는 진리가 꿀보다 더 달콤하고 오묘한 말씀이라고 하지만 절대로 달콤하지만은 않다.

사랑은 있지만 심판이 있고 죄의 값은 치러야 한다.

자연과 우주 원리는 사랑이기 때문에 공평하다.

사람들은 이런 말을 전혀 실감하지 않는다.

왜 그럴까.

우선은 먹을 것과 모든 것이 풍부하고 나날이 발전하고 있는 과학기술 역시 매력투성이이기 때문에 시각적인 힘이 더 크다고 생각하기 때문이 아닐까 하는 생각이 든다.

이게 다가 아닌데도 말이다.

과학기술이 이상적인 세상을 빠르게 끌어당겨 만들려고 하지만 거기에 따른 역효과도 무시해 버릴 수는 없다.

오직, 인간만이 인간을 바꾸고 이 세상을 바꿀 수가 있다고 말할 수 있는 건 그만큼 인간은 귀하고 소중한 존재로서 사랑 그 자체인 것이다.

처음도 사랑으로 시작했으니 끝도 사랑인 것이다.

사랑을 완성하는 것도 인간의 사명이기 때문에 자신의 존재를 하루속히 깨달아 내면에서 오는 지혜를 구해 이 세상을 살아갈 때 완벽한 사랑을 실천할 수 있도록 마음을 내어 보자.

변화되지 않은 세상은 과학과 기술이 지배하고 인간도 거의 기계 수준으로 변해서 감성도 잊어버리고 갈수록 과학기술에 의지하게 된다면 절반은 인간, 나머지 반은 기계로 되지 않을까 하는 생각이 든다.

과학기술이 인간을 위한 것이라고 하지만 그 속에는 사랑도 없고 감성도 잊어버린 채 반은 기계, 반은 인간으로 살아가는 것에 만족해하는 사람들도 있을 것으로 본다.

아무리 과학기술이 발전된다 해도 인간의 감성은 그대로 유지되어야 한다.

많은 분야의 전문가가 있지만 세상의 어디가 바뀌었는가 하는 의문이 든다.

그들 역시 과학에 박수를 보내고 인간의 질병에서 벗어나 과학기술에 힘입어 인간 수명까지 늘리려고 하고 있다.

오래 살고 싶은 건 인간의 욕망 중 하나지만 먼저 자연의 뜻을 따라 발맞추어 가는 그런 사람들이 나타나야 한다.

한두 사람씩 의식이 바뀌다 보면 머지않아 이 세상은 인간이 그토록 원하던 지상낙원으로 바뀌지 않을까 생각한다.

인간의 때가 조금도 묻어나지 않은 순수한 자연 본래의 모습을 회복해야만 오래 살 수 있는 인간들이 될 것이다.

이것은 인간만이 시기를 당길 수도, 늦출 수도 있다.

너무 늦어 버리면 자연 스스로가 해결한다.

많은 인간이 희생되고 난 다음일 것이다.

노아의 방주처럼 한 사람이라도 더 살리고 싶은 마음으로 방주에 들어오기를 원했지만 인간의 생각은 변하지 않고 있었기 때문에 사람과 살아 있는 모든 생물까지 멸망되고 방주에 들어간 사람과 생물만 살아남았듯이 시대를 잘 분별해서 자연의 진노를 피해 살아갈 수 있도록 깨달았으면 한다.

세상 돌아가는 이치를 보면 인간들의 마음이 변하지 않는 이상 더 무서운 재앙을 겪게 될 것으로 생각된다.

지구는 지금 스스로 정화 작업을 하려는 것이다.

작업 과정 속에서 많은 인간이 피해를 볼 수도 있지만 어느 누구도 이런 느낌을 알지 못하는 게 안타깝다.

코로나를 비롯하여 앞으로 올 수 있는 많은 재앙을 피하는 것도 과학과 의술로도 감당하기가 어려울 것이고 인간들도 피해 갈 만한 방법이 점점 없어질 것으로 본다.

인구 감소가 괜히 오는 게 아니다.

앞으로는 더 많은 인구가 줄어들 것이고 재난과 질병 앞에 인간은 점점 무력해지고 말 것이다.

자업자득이라고 인간이 뿌린 씨앗을 거두는 원리여서 너무나 혼란스럽고 정신적으로도 사람들은 마음의 중심 잡기가 힘들 정도로 되어 가고 있다.

이제까지 인간들이 누리고 살았던 세상을 지구는 정확하게 계산하고 있고 그 대가는 결국 인간에게 돌아오게 되어 있다.

성공한 사람, 돈 많은 사람도 예외가 아니다.

지구를 서둘러 치료한다 해도 지구가 아픈 만큼 인간들에게 그 대가는 치르게 할 거니까.

이 지구 덩어리는 인간을 비롯한 모든 것을 품어 주고 있다.

햇빛과 비도 세상 모두에게 내려 주듯이 인간이 제아무리 잘나고 똑똑한들 이 지구의 마음을 알 수는 없지만 그 마음을 알아차리는 것처럼 사람들은 지구 사랑이라는 말을 많이 한다.

본인을 나타내고자 할 때도 지식을 통해서 내세우며 지식이 본인인 것처럼 자랑스럽게 말을 한다.

그러한 논리가 자연을 살릴 수 있을까?

지구 사랑이라는 말을 진심으로 본인 마음에서 자신을 사랑하듯 지구와 자연을 마주하게 되면 놀라운 기적을 볼 수가 있다.

인간들로 말미암아 지구가 병이 들게 되었지만, 인간의 힘과 사랑으로 다시금 회복을 시켜야 한다.

그래야만 인간이 지구와 더불어 천 년을 살고 만 년을 살아갈 수가 있다.

세월 가는 것은 천국에는 없으니까 말이다.

지구와 자연을 대할 때도 사랑과 감사라는 마음으로 바라보며 온 마음을 다해서 아끼고 보살피자.

나도 내 것이 아니다.

자연의 일부이기 때문에 내 것이라는 것은 없다.

욕심이 지나치면 죄를 짓게 되고 사망에 이른다고 성경책에 쓰여 있는 것처럼 이러한 것들을 생각하고 산다면 이 세상도 그런 마음을 가진 사람들과 함께하고 싶은 마음일 것이다.

악한 생각을 하고 거울을 보게 되면 눈에서 날카로운 빛이 나오고 표정도 순간 무섭게 굳어지는 것을 볼 수가 있다.

범죄자들이라고 해서 처음부터 악한 짓을 하려고 하는 사람은 없다고 생각한다.

주변 사람들이나 생활에서 오는 부조리한 문제들 때문에 자신이 상처를 받았다고 생각되면 감정을 이기지 못하고 일을 저질러

버리는 것이다.

가진 자들과 아는 자들이 약한 사람들에 대해서 조금이라도 배려와 관심을 가져 줬으면 한다.

내가 많은 걸 가졌을 때는 분명 뜻이 있는 것이다.

서로가 평등하게 살아가는 세상으로 만드는 건 인간에게 달려있고 세상은 하루가 다르게 발전하고 변하고 있는데 거기에 못 미치는 사람들이 대부분이다.

이런 문제로 많은 사람이 상처받고 아픈 마음으로 살아가는 모습이 안타까울 뿐이다.

대부분 평범했던 사람도 돈이나 권력이 다가오면 서서히 돌변하기 시작한다.

돈이 신이고 생명이고 인간에게 모든 것이 되어 가고 있기 때문이다.

지구도 인간도 건강하지 못하고 병들어 있는 지구가 인간을 볼때 안타까운 느낌으로 바라보고 있다는 생각이 든다.

본인을 깨닫게 하는 건 돈도 명예도 지식도 아니다.

이런 것들은 세상살이에서 잠시 잠깐 빌려 쓰다가 놓고 가야만 하는 것인데도 인간의 마음이 어디 그런가?

내 돈, 내 명예 내 지식에 그들은 목숨만큼이나 강한 애착을 갖고 있다.

모든 걸 내 것으로 알고 만족과 보람을 느끼겠지만 세상에서 내 것은 아무것도 없다.

이 모든 걸 세상에서 얻어 세상에서만 사용이 가능한 것인데도 이기적인 권리 때문에 많은 사람이 상처받고 우울해한다.

이 세상 것이 다가 아닌 내 마음에서 얻어지는 진실한 통찰로 인간관계의 회복과 지구와 자연이 건강하게 회복되는 책임은 모든 인간에게 있다는 걸 느끼면서 눈에 보이는 현상이 다가 아니라는 것을 알았으면 한다.

앞으로 오는 세상에 관해서 관심이 있는 사람이 얼마나 있을지 모르지만 그냥 좋아질 거라는 생각에서 멈춘 것 같다.

발전하는 세상이 인간을 위한 세상인지 어느 한 국가와 개인만을 위한 세상인지는 생각해 볼 문제다.

자연도 스스로 변하고 있다는 건 자연의 에너지가 본래의 모습으로 되돌아가고 있다는 걸 생각하는 사람은 얼마나 될까?

왜 인간은 자연재해를 보고 슬퍼하고 아파하고만 있을까?

이러한 책임은 자연에 있는 게 아닌 인간에게 있는 것이다.

옛날부터 사람들은 종교를 알지 못했을 때도 나무나 돌, 물이 있는 곳에 신이 있다고 생각을 했는지 그곳을 찾아 소원을 빌어 힘을 얻었던 거 같다.

자연에서 에너지를 느꼈다는 것일까?

돌부처나 예수 그림, 탱화, 이런 모습들 앞에서 정성으로 빌고 기도하고 절을 하는 게 무슨 의미가 있을까.

어느 것에 생명이 있고 없고를 따지기 전에 모두 같다고 봐야 할 것이다.

숨을 쉬고 있는 인간의 내면에 모든 것이 들어 있는 것을 알아야 하고 인정을 할 때 비로소 새로운 나와 세상을 만나게 될 것이다.

지금의 세상은 완전히 기계화되어서 어찌 보면 인간이 인간을 구속하는 기술만 나날이 발전하고 있다.

인간을 위한 세상인지 과학과 기술로 미지의 세계를 정복해 본다는 일부의 욕심인지, 아무튼 편안하지 않은 세상이다.

인간들은 과학이 발전하면서부터 신의 존재를 부정하고 과학의 힘에 의지하게 되었지만, 과학은 영적인 영역까지는 갈 수가 없다고 말들만 하고 있을 뿐이다.

과학이 신이 될 수 없듯이 몸이 아프면 먼저 찾아가는 곳은 신이 아닌 병원이다.

물론 맞는 말이지만 점점 신을 찾는 사람들이 적어지는 세상에서 완벽하고 평화롭고 안정되게 살고 있다고 말하는 사람은 많지 않을 것이다.

있다 한들 그것은 돈의 힘일 것이다. 차별과 능력, 인맥으로 연결된 세상에서 잘 먹고 건강하게 살다가 죽으면 끝이라고 생각하는 사람도 적지는 않을 것으로 본다.

본인의 단점을 숨겨야 사람과의 관계가 잘 이루어지고 항상 미소와 친절로 능력 있는 매력의 가면을 쓰면 더 많은 사람의 관심과 박수를 받을 수 있는 게 인간의 욕구이자 본능이기 때문에 자신의 진실한 내면과의 연결을 잃어버린 채로 또 다른 나의 모습만 보여주고 있는 것이다.

솔직하고 있는 그대로의 본인 모습으로는 남들의 관심을 끌지 못하기 때문이다.

현실이 신이 되어 자신이 아닌 다른 모습으로 사는 사람들.

화를 내는 데는 빠르지만 웃는 데는 시간이 걸리고, 많은 것을 갖고 싶은 욕심은 있지만 남의 눈을 의식해서 선한 양심가로 보이려고 연기를 하며 사는 사람들이 많이 있다.

하지만 알 만한 사람은 알면서도 모르는 척 그냥 넘어가 주는 사람도 있을 것이다.

양심에 비추어 잘못된 줄 알면서도 남들 위에 서야 하니까 자신을 속이면서 살아가는 것이다.

자신이 아닌 다른 모습, 거짓된 마음으로 살아가는 사람들도 자신을 찾아 악한 마음이 슬그머니 방해해도 자신을 끊임없이 살피다 보면 어느새 선한 체질이 되어 다시 태어나는 마음들이 되었으면 한다.

방법은 있지만, 본인들의 마음먹기에 달려 있다고 생각한다.

변화의 시작이다.

눈만 뜨면 이 세상에 보이는 것은 잘 보이려고 완벽하게 포장되어 있어서 갈수록 자연적인 것들이 나타날 수가 없게 되어 있다.

모든 것이 사람의 손에 의해서 가꾸고 다듬어져 보기에는 좋겠지만 세상은 힘들고 지쳐 있다는 것을 알아야 하지 않을까?

나 자신을 아끼고 살피면서 완벽하게 아름다운 마음으로 된다면 언젠가는 지구와 자연이 회복되듯이 사람들의 마음도 하나하나

회복되고 처음 사랑으로 되돌아갈 것이다.

그냥 그렇게 살아왔으니까 하루하루 프로그램대로 살아가고 있는 모습들이 안타깝기만 하다.

돈 벌려고 안간힘을 쓰는 사람들, 돈을 사냥하느라고 모든 에너지를 쓴다. 물론 돈도 필요하지만, 마음에도 작은 시간을 투자하면서 서로가 상생할 수 있도록 진심으로 서로 돕고 함께 갈 수 있는 에너지가 만들어져야 한다.

남을 볼 시간 있으면 나의 내면을 보고 잘 보이지 않으면 돋보기라도 비추어서 크게 보자.

이것이 지구가 살고 너와 내가 사는 길이다.

죽음이 끝이라는 생각을 버려야 더욱 큰 열정이 솟아나고 사랑하는 사람들에게 죽음하고는 상관없다는 살아 있는 소망을 알도록 해 주자,

그런데도 되는 사람이 있고 안 되는 사람이 있다.

사람이 마음을 한번 잘못 가지면 세상이 시끄러워지지만, 마음을 제대로 관리하게 되면 주변이 아주 밝아지는 걸 알 수 있을 것이다.

인간의 마음이 너무 앞서 있어서 신을 찾는 것도 유치하다는 사

람이 있다.

지극히 현실주의자다.

보이는 세상에서 시작해서 보이는 세상에서 끝을 보는 사람이다.

이런 현상은 자연스럽게 전염이 되기도 한다.

신 앞에 가까이 다가가지 못하는 사람들은 바쁘다는 핑계를 많이 댄다.

이것도 본인을 위해서 열심히 살고 있다는 것을 보여 주는 모습일 것이다.

하늘이 노했다고 하는 건 지구와 자연현상에서 오는 재앙을 말한다.

이것들을 잠재울 수 있는 것은 각자 마음에 있는 신을 깨우는 거다.

깨어 있는 자들에게는 재앙도 환란도 피해 간다는 말이 있듯이 잠자는 마음을 깨워 보도록 해 보자.

세상에서 얻었던 것들은 결국 세상에 놓고 가는 걸 알면서도 본인이 노력해서 얻었다 해서 본인 것인 양 긴장하면서 놓지 않으려고 애를 쓰지만 부질없는 짓이다.

고독과 외로움을 감수하면서까지 그렇게 살아가고 있다.

거기에 만족이 있고 희망이 있을까?

신의 인격은 거짓이라고는 티끌만큼도 없는 진실 그 자체다.

인간이 자신을 믿지 못하면 영원히 신을 발견할 수가 없듯이 진실은 나를 살리고 상대방을 살리는 마법 같은 생명의 에너지를 갖고 있다는 걸 느껴 봤으면 한다.

이 에너지는 마음속의 깨끗하고 정결한 마음에서 생겨나는 것이며 돈을 주고도 살 수 없는 진리이며 생명을 살리고 새로움으로 태어나게 하는 창조의 능력을 가지고 있다.

세상이 주는 눈부신 물질의 황홀함으로 인간의 눈은 오염되어 신을 믿는다는 사람들도 물질의 유혹에서 벗어나지 못해서 양다리를 걸치는 생활에 젖어 있다.

양다리를 걸치고 사는 사람들은 어느 한쪽에도 진심을 주지 않는다.

진실함이 없다는 것이다.

눈과 입으로 즐기는 쾌락, 몸으로 즐기는 쾌락에서 깨어나는 것도 자신을 보는 힘에서 생긴다.

한 치 앞을 못 보는 사람들이 부를 쌓고 싶어서 안달이다.

아니라고 말하는 사람도 있겠지만 세상에 좋은 말과 글을 남기고 떠난 사람들도 많은 사람에게 교훈을 주고 갔겠지만 본인의 마음은 남겨진 교훈만큼 만족하고 살았을까?

그런 지식인들의 글을 인용해서 돈을 벌고 직업인으로 살아가는 사람들도 많이 있다.

말을 잘하는 로봇이 되어 가는 것이다.

이 세상은 인간을 위해서 생겨났고 인간은 이 세상에서 만족하고 조화로운 삶을 살아야 하는데 세상보다 인간이 앞서가기 시작하면서 이 세상은 만성 피곤과 스트레스로 중증이 되어 버렸다.

오염된 세상에서 살아가는 인간 역시도 오염이 되어 질병에 시달리고 살아가는 조건들이 고통이 되어 버린 것이다.

이 세상과 인간을 바꾸기 위한 노력은 말과 봉사로만 되는 것이 아니고 물질로는 더욱 아니다.

모두가 자신을 알고 신을 사랑하는 사람으로서 정신적인 노력으로 극복해야 하지 않을까 생각한다.

남과의 인연에 앞서 자신과의 인연, 즉 나와 나의 인연을 축복으로 알고 감사하는 마음으로 생각을 바꾸고 신의 존재를 밖에 있다고 생각하는 게 실수라는 걸 믿었으면 한다.

나 자신 속에 이미 태어날 때부터 함께 존재해 왔지만 보이지 않았기에 밖에서만 찾고 있었고 기도를 해야 나와 신과의 대화가 가능하다고 생각해 왔다.

자신의 존재를 거듭 확인하고 신과 연결하는 방법으로 종교를 선택한 거였으니까.

지구에 있는 모든 인간은 하나에서 나왔고 하나이기에 함께 가는 게 진리이다.

하늘 위에 절대신은 없다.

신은 항상 내 안에서 함께 있고 연결되어 있다.

종교 속에만 있는 것처럼 열심히 전파하고 있지만, 종교가 나를 구원해 주는 것도 아니고 종교는 배우는 것도 아니다.

사람들의 마음이 열리고 눈이 밝아져야 내 안의 신성을 만날 수가 있다.

종교는 하나의 단체로 조직화되어 버렸지만, 이제는 종교 속에서 빠져나와 자신이 원하는 자유로운 마음으로 얼마든지 세상을 잘 살아갈 수 있다.

자유라는 것은 방종한다는 뜻이 아니고 더욱 철저하게 자신을 살피면서 나와 남 그리고 이 세상을 위해서 무엇을 해야 할 것인가를 깨닫는 것이다.

그것이야말로 자신과 세상을 살리는 방법이고 옳은 진리라고 생각한다.

자연의 공식은 단순하다.

웃고 떠들어도 스스로 무언의 기도로 무장되어 있는 자신을 믿고 내면의 힘에 맡기는 습관이 되다 보면 알아서 자연스럽게 기도의 생활이 된다.

기도의 힘은 잠깐의 감정으로만 느끼고 만족하는 게 아닌 몸과 마음이 우리 삶에 자연스럽게 녹아 있는 간절함을 구하는 것이기에 기도의 힘은 몸과 마음을 치유할 수 있는 만병통치이기도 하다.

몸은 마음을 따르고 마음은 몸을 따르기 마련이다.

기도는 높고 낮음의 분별이 없기에 자연스럽게 다가가 언제나 함께할 수 있기 때문이다.

기도로 나를 찾고 신을 찾았기에 상처가 많은 사람도 자기방어의 벽은 두껍지만 기도를 통해서 쉽게 무너뜨릴 수가 있다.

그러한 마음도 스스로 치유가 되는 게 자연의 힘과 능력이다.

듣고 보는 것으로 되는 기도와 명상이 아닌 본인의 체험에서 오는 진정한 기도의 대화에서 내가 어떻게 살아야 하는지도 알 수가 있다.

인간은 지나친 경쟁 속에서 이겨야 하고 삶의 목적은 꿈을 이루어야 행복해진다고 생각을 하지만 눈에 보이는 현실적인 성공에 사람들은 더 열광하고 보이지 않은 마음의 힘을 잊어버린 채 살아가고 있다.

자신의 존재 가치를 존중하고 스스로 인정해 주는 게 진정한 마음의 변화가 아닌가 한다.

우리는 기도를 통해서 최상의 컨디션, 최상의 만족감과 행복을 찾아야 한다.

언제까지 힘들게만 살 것인가.

무릎 꿇고 앉아서 하는 어려운 기도가 아닌 숨을 고르면서 안정이 되고 내면의 평온함이 느껴질 때 따뜻한 에너지가 큰 힘이 되어 나를 감싸 안고 안도감을 느끼도록 해 주는 큰 힘도 기도다.

이것은 무언의 기도를 통해서 본래의 내 모습뿐만 아니라 인간들이 갖고 있었던 모습을 숨과 함께 기도라는 방법을 통해서 찾아내는 것이다.

이러한 모습이 인간 내면의 모습이고 이 방법을 통해서도 쉽게 느낄 수가 있다.

자연이라고 하면 큰 거리감이 있겠지만 우리 주변의 눈에 보이는 것들을 통해서도 내 마음을 관찰할 수 있는 자연적인 조건들이 많이 있다.

자연이라는 건 어려운 말과 글이 필요하지 않다.

그냥, 자연스럽게 숨을 고르면서 마음을 느끼는 것이다.

자연스러움이 가장 멋있고 아름다운 것처럼 자연 자체로 있는 그대로가 기도다.

잠깐이라도 평온하게 숨을 한번 크게 쉬어 보자.

생명의 숨을.

살아 있음을 느끼고 감사와 자유로움 그 자체로도 휴식이다.

신은 내 마음, 나의 영혼이다.

내 마음에 있는 신, 내 전체가 되는 존귀한 신.

그걸 알아차릴 때 내 마음이 선한 존재임을 알 수가 있고 신과 나를 연결하는 것은 유일하게 나만이 할 수 있다.

나의 본성의 아름다운 휴식, 나를 느끼면서 생명을 불어넣는 큰 숨을 편안하게 쉬어 보자.

원하지도 선택조차도 하지 못했던 종교에 모든 것을 걸고 있는 수많은 사람이 깨달을 수 있는 선택도 본인이 하는 거 같지만 몸과 마음에서 끌리는 쪽으로 가는 건 인연을 따라서 간다고도 볼 수 있다.

사람과의 인연도 있고 자연과도 인연이 있듯이 하나를 잃으면 하나를 얻는다는 말이 있다.

자신이 원하고 만족할 수 있는 삶으로 용기 있게 선택하기만 하면 된다.

기도는 놀라울 정도로 큰 힘을 가지고 있어서 기도의 능력은 기적을 일으키기도 한다.

영혼을 살리고 새로운 생명을 창조하는 에너지는 기도로부터 생겨난다.

사람과 사람의 관계에서도 나의 이익을 위해서 상대의 마음을 섭섭하게 하고 아프게 하는 사람들은 상대방의 입장이 되어 보지 않아서 그 아픈 마음을 알면서도 모르는 척, 또는 그냥 넘기려는 사람들도 있다.

배려가 부족한 사람들이다.

거짓은 욕심이고 남을 속이고 진실을 숨기는 사람은 그 거짓 앞에서 상대방은 마음을 크게 다치고 있다는 걸 알아야 한다.

그렇게 습관처럼 살아온 사람도 자신의 존재를 깨닫고 나면 자신도 모르게 마음이 스스로 고침을 받게 되어 있다.

　　깨닫기 전까지는 나만을 위한 생각을 굳게 가지고 살아가고 있고 자신의 소유만을 소중하게 꼭 쥐고 사는 사람도 상대의 상처받은 마음이 바로 본인의 마음인 것을 알게 된다면 본인도 변화된 삶으로 바뀔 것으로 믿는다.

　　좋은 세상, 살기 좋은 세상에서 살고 싶은 건 누구나 원하는 마음이다.

　　끊임없이 자신의 마음을 성찰하고 그 행위가 변화되었을 때는 얼마든지 가능하다고 생각한다.

　　미워했던 마음도 사라지고 불행한 사람을 보면 도와주고 싶고 악한 사람까지도 마음을 변화시키는 그런 에너지가 체질이 되면 나의 영이 기뻐하고 남을 살리는 능력자가 될 것이다.

　　인간은 만물의 영장이라고 태어나면서부터 만물을 다스릴 수 있는 능력을 갖추고 태어났지만 인간끼리 서로 경쟁하고 지나친 욕심으로 자연을 훼손하며 내 것 챙기기에 바쁜 생활을 해 오다 보니 사랑과 존중과 배려는 저만큼 멀리 두고 아니, 잊고 살고 있는지도 모른다.

배우고 듣는 지식으로 잠시 고개만 끄덕일 뿐 마음은 본인만을 위한 생활을 하고 살고 있다.

어느 때까지 이렇게 살 수만은 없다는 걸 스스로가 알아야 하고 지금까지 지구와 자연이 인간을 품어 주듯이 자신들도 마음을 열고 세상과 인간을 품을 수 있는 마음으로 변화되었으면 한다.

오래전에 TV에서 방영했던 〈전설의 고향〉을 보았다.

자신을 죽게 한 사람을 용서하는 내용이었는데 그 용서 속에는 인간 세상에서 볼 수 없는 사랑이 보였다.

살아 있을 때 용서했더라면 더 좋았을 텐데, 죽어서 하는 용서지만 실천할 수 있는 큰 교훈이 될 만한 내용이었다.

인간의 감성이나 생명을 살리는 것은 구원이다.

나 혼자만의 구원이 아닌 자연의 모든 것까지 사랑할 수 있는 마음을 말한다.

투자나 주식으로 재산을 늘리는 것에만 열정을 쏟을 게 아니고 생명을 살리는 능력이 충분히 있는 사람들의 영성을 깨워 이 세상과 인간이 영원히 살아갈 수 있는 이상 세계를 모두가 만들어야 하지 않을까 생각한다.

생각으로 상상만 해 오던 구원과 천국이 이렇게 현실에서 이루어진다는 사실이 믿어지지 않겠지만 가능한 일이라고 생각한다.

물론 믿는 건 자유지만 선택은 항상 본인만이 하는 것이다.

뜻만 알아도 몸과 마음이 맑아지고 새로운 목표가 생겨난다.

자신을 인정하다 보면 건강과 자신감도 선물로 들어오고 멀리 있는 게 아닌 내 안에서 모든 섭리가 이루어지기 때문에 여기에는 거짓이 있을 수가 없고 부정적인 생각과 불안했던 마음이 편안한 마음으로 바뀌면서 사랑이 함께하고 있음을 느끼게 된다.

날마다 내 안에서 선과 악이 다투고 살았지만 나를 찾고 나니 고요한 물처럼 파동이 없는 마음으로 바뀌어 있게 된다.

찾기 전까지는 그야말로 생각과 감정에 끌려다니다가 지치고 힘들 때가 한두 번이 아니었지만 그래도 깨달을 수 있는 지혜와 축복을 거저 받았으니 나눔으로 내 영혼이 기뻐하는 일을 해야겠다는 마음이 생겨난다.

내가 나를 축복하고 지금까지 피해 의식 속에서 죽을 만큼 힘들게 살아왔던 마음에 사과하고 고마워하고 있다.

잘 견디어 주고 참아 줘서 고맙다고.

잠시 눈을 감고 천천히 편안하게 쉬고 있는 숨(호흡)에게도 따뜻한 마음으로 감사하면서 쓰다듬어 주자.

생명의 숨, 영혼의 숨에게.

한번 먹은 마음과 생각을 지속해서 지킨다는 것이 호흡하면서 집중하기보다 더 어렵다고 한다.

본인의 삶에 충실하고 많은 것을 이룬 부자들도 간절한 마음으로 세상에서 원했던 뭔가를 이루고자 하는 아쉬운 마음이 있다면 먼저, 편안하게 숨을 쉬어 볼 수 있는 체험을 한번 해 보았으면 한다.

숨을 쉬면서 마음의 이완과 동시에 건강과 지혜까지도 덤으로 받을 수 있다.

물질 앞에 모든 인생을 올인하는 경우가 적지 않고 그 자체가 인생이라고 생각하고 있으며 한계를 만들어 그대로 가야만 하는 줄 알고 있다.

그렇게 만족을 하고 살다가도 어느 땐가는 마음에 공허함이 찾아와 생각이 많아질 때 현실에서 잠시 물러나 휴식 모드로 잠깐 들어가기도 하지만 그것은 내 생각에서 오는 문제들을 해결하고자 하는 행위에 지나지 않고 근본적인 문제가 해결되는 것은 아니다.

마음을 쉬게 하는 방법 중 우선은 편안하게 숨부터 한번 쉬어 보자.

습관적인 숨이 아닌 고요하고 편안한 숨을 느끼면서 이제까지 막혀 있던 에너지들이 모두 열릴 수 있도록 그리고 마음의 감각들이 되살아날 수 있게 숨을 쉰다면 마음에서 놓지 못했던 생각까지 자연스럽게 내려놓게 되고 몸과 마음이 가벼워지면서 깨어난다는 걸 느낄 수가 있을 것이다.

생명이 들어 있는 호흡이기 때문이다.

지금까지 숨을 제대로 쉬어 본 적이 없으므로 평소 운동 후에 오는 나른한 시원함이 이완 상태라고 알고 있지만 제대로 된 호흡을 하다 보면 몸과 마음의 이완이 저절로 되며 몸과 마음의 변화와 최상의 컨디션이 선물로 주어진다.

또한, 내면의 자신을 발견할 기회가 되기도 하고 무한대의 사랑과 감사가 느껴지면서 마음의 정화가 시작된다.

심장을 뛰게 하고 몸이 따뜻해지도록 하는 것도 느리게 쉬는 편안한 숨에서 만들어진다.

그냥 숨만 쉬고 살았을 때는 모든 것이 답답하고 스트레스에 시달려서 한숨만 나오지 않았었나 하는 생각이 든다.

명상도 숨을 제대로 쉬지 못하면 1분 아니, 30초도 할 수 없는 게 답이다.

밖에서만 위로받고 해결하려고 했던 문제들이 내 안에서 하나씩 정리가 되고 보이는 유한한 세상이 다가 아닌 보이지 않은 무한한 세상이 있다는 걸 알아차릴 때 자신을 믿는 마음에서 가능해진 것이다.

깨끗하고 맑은 영이 내 마음을 주관하고 신의 인격과 성품을 닮아 가는 과정도 오로지 깨달은 나 자신의 마음으로 이루어져 가기 때문에 거저 얻어진다는 생각은 버려야 한다.

모든 생명을 위해서 기도가 나오다 보면 잠을 자는 순간에도 나의 영은 깨어 있어서 사랑의 에너지를 보내 주는 것이다.

사람의 속마음은 알 수 없다고 하지만 자연 앞에서는 정직해질 수밖에 없다.

이왕이면 이 순간부터라도 관심조차 주지 않았던 자연의 섭리를 깨닫고 자연은 변함없이 인간에게 기다림과 배려로 기다려 주고 있다는 걸 알아차리는 게 바로 창조의 사랑이라고 생각한다.

종교를 통해 영생과 구원을 꿈꾸고 있는 사람들에게 말하고 싶다.

성경책은 미래의 예언서 비슷하게 비유로 쓰인 책이기 때문에 제아무리 많이 배운 지식과 논리가 있어도 모두 풀기가 어렵고 실천하기도 불가능한 것이다.

종교 지도자들이 지식과 철학에 성경을 섞어 말한들 그게 어디 생명이 있는 진리인가?

불쌍한 사람을 구제한다는 것은 종교를 믿지 않는 사람도 하고 있는 일이다.

예수에게만 신성이 있는 게 아니고 인간 모두에게 신성이 있는 데도 예수의 진리를 가지고 본인들이 천국 가는 다리 역할을 하는 양 외쳐 대는데 사람들은 신을 섬기는 마음으로 종교 지도자들을 섬기고 있다.

교회에도 이단이 있다고 하는데 이단은 누가 구별해 놓았는지 궁금하다.

진리의 1단, 2단, 3단이 왜 만들어지고 서로가 진짜라고 하는 건 누가 인정해서일까?

종교보다 모두가 이 시대를 잘 감지해서 재난과 질병과 상관없는 사람이 되는 소망이 이루어져야 하는데 참진리라고 말하는 그

들은 화려한 말로 세상을 살고 종교 생활을 잘 하는 것만이 다가
아니다.

자연 회복이라는 건 인간의 마음 회복부터 시작되어야 한다.

이 세상은 너무나 악하고 무서운 일들이 일어나고 있는 현실이
지만 그런 일들에도 사람들은 별로 놀라워하지 않는다.

남의 일이니까 하는 것이다.

남이 고통받으면 내 마음도 아픔을 느껴야 하는데 입에서만 끝
나 버린다.

개인의 인격을 존중한다고 하지만 공정하지 못한 일들은 수두
룩하게 생겨나고 있다.

종교 지도자 자신들부터 진실을 실천하며 바르게 살아야 한다
고 생각한다.

인간들에게 진정한 축복과 행복과 사랑이 뭔지, 인간의 지식이
아닌 지구는 보여 주고 있었지만, 음양의 원리를 인간의 쾌락으로
만 이용해 왔고 하늘과 땅의 원리를 잊어버린 것이다.

무시무시한 〈오징어 게임〉이라는 영화에 전 세계가 열광하지
만, 선행하는 일에 대해서는 큰 관심을 보이지 않는 게 현실이다.

재미 위주로 뭔가 짜릿한 문화에 금세 쏠려 버리는 사람들.

물질에 대한 유혹으로 많은 사람이 희생되는 것을 보면서 인간의 목숨은 이제 별 볼 일 없는 값어치로 떨어지는 세상이 되어 버린 것이다.

우리나라도 금수강산이라는 옛말이 이제는 아파트강산이 되어 버렸다. 이것만 보더라도 인간은 지구와 자연에 대한 최소한의 예의까지 잊어버린 것 같은 아쉬움이 있다.

날마다 쏟아지는 사건과 사고들이 생겨나고 있는데 이런 일을 보고 사람들은 말을 한다. 말세라고.

이럴 때일수록 종교는 더욱 큰소리를 낸다.

용서와 배려를 일찍부터 배우고 실천해 왔더라면 세상은 달라져 있었을 거라는 생각이 든다.

자신이 누구인지도 모르는데 진정한 용서와 사랑을 알 수 없는 건 당연한 일이다.

종교는 천국과 지옥을 내세워 두려움을 느끼게 하고 더욱 충성하도록 만드는 세뇌 작업을 하고 있다.

언제까지 이런 모습들이 되풀이될지는 모르지만 나 자신을 찾을 수 있는 곳은 종교도 아니고 종교 지도자 또한 아니다.

종교에 두려움도 긴장감도 느끼면서 살 필요는 없다.

부처는 부처일 뿐이고 예수는 예수일 뿐이다.

그들이 왜 구원자가 되어야 하며 부활까지 할 수 있다는 환상에서 깨어나야만 한다.

영혼도 구원, 그런 것도 없다.

그들은 스스로 깨달음을 얻어 힘들게 살아가는 인간들 마음에 위로와 이 세상에서 선하게 살아갈 수 있도록 진리를 남기고 갔을 뿐인데 신의 표상을 못 만들어 안달이 난 인간들이 그들을 신격화해서 상상도 할 수도 없는 거대한 종교 단체를 만들어 냈다.

십자가에서 세상의 모든 죄를 다 용서하고 사랑으로 완성했다는 말을 어떠한 해석으로 했는지 지금까지도 회개와 십계명을 강조하고 있지 않은가?

언제까지 용서해 달라는 기도를 해야 하고, 본인들의 믿음이라고 하지만 하느님의 종이라 하여 일방통행은 없다.

따지고 보면 종의 신분으로 어떻게 하느님을 아버지라 부를 수 있는가? 종의 신분은 일한 삯만 받고 가면 그만이다.

삯꾼 목자라는 말이 괜히 성경책에 쓰여 있는 게 아니다.

그들은 이미 받을 몫을 모두 받아 누리고 살 뿐이다.

예수나 부처는 물질에서 떠나 무소유로 살았지만, 지금 종교 지도자들의 생활은 어떠한가? 모든 것이 넘쳐 나게 소유하며 살고 있다.

자녀들은 일단 해외 유학파로 만들어 놓는다.

이름이 난 만큼 그들은 더 많은 것을 소유하고 있다. 물질과 마음이 모두 부자인 자들이다.

겸손을 가장한 교만한 마음을 가진 자들.

이런 자들을 가리켜 예수나 부처가 뭐라고 말할까?

지금의 교회에서는 은혜와 영으로 하는 기도가 아닌 글을 써서 하는 기도로 바뀐 지 오래된 것 같다.

사람들이 신을 찾게 되는 이유는 생활이 불안정하고 마음에 갈등이 밀려올 때 종교를 찾게 되는데 도중에 다니다가 그만둔 사람들도 적지 않다. 부담이 생긴다는 걸로 마음에 상처를 받은 것이다.

상처받은 그들의 마음은 치유하기가 쉽지 않다.

대부분이 관객으로 갔다가 관객으로 끝난 것이다.

현실의 종교가 이렇듯 득이 되지 못하고 예수라는 이름을 놓고 아직도 기적이나 병 고침과 소원을 이루는 목적이 되어서는 안 될 줄로 안다.

사람은 평생을 살면서 3번의 좋은 운이 온다는 말이 있다. 그 운이 올 때는 믿음의 선물이라고 단정 지으며 종교 앞에 더 바짝 다가간다.

이런 운이 비종교인들에게 생길 때는 그저 운이 좋아서라고 말을 한다. 종교인들은 축복이고 비종교인은 운이라 생각하기 나름이겠지만 본인들의 선택이 인생에 있어서 이렇게 표현되기도 하는가 보다.

인생에 있어서 선택이라는 것이 얼마나 중요한 일인지 특히 종교를 가진 사람들은 깨달았으면 한다.

하느님이라는 신에게 심취해서 지도자들의 말에 100% 공감하고 답답함을 누르고 소망을 굳게 가지면서 자신의 감정에 빠지는 것만이 본인의 영이 사는 길은 아니다.

종교가 왜 면세 업종이 되어야 하는가? 쪽방을 사는 사람들도 세금을 내고 사는데.

입금되는 헌금으로 불우 이웃을 돕고 선교 활동 명목으로 해외를 내 집 드나들 듯이 하는 종교 지도자들의 행위가 존재하지도 않는 하느님의 뜻이라고 하기에는 아닌 것 같다.

보이지 않는 신이 이런 사람들에게는 오히려 다행인지도 모른다.

비종교인이 남을 돕는 일에 앞장서고 있는 경우도 많이 있다.

인간은 절대신이라고 믿고 있는 신에게 온갖 소원을 빌고 또 빌곤 한다.

한 치 앞도 모르는 게 인간이다 보니까 위기만 피해 가면 되는 줄 알지만, 현재 상황을 봐도 지구 곳곳에서 많은 생명이 질병과 전쟁으로 죽어 가고 있다. 또한, 앞으로 올지도 모르는 바이러스 공포로 긴장을 하고 사는 게 현실이다.

성공하고 돈 많은 부자도 피해 갈 수 없는 일이라고 본다.

이 와중에도 권력 다툼으로 서로를 헐뜯고 비난하기에 바쁜 사람들을 보면 인간의 어리석은 한계가 보인다.

모든 사람이 본인들도 모르게 들떠서 돌아가고 있는 세상에 재앙을 만들어 내고 그 재앙을 선물로 받는 것이다.

지구와 자연의 노여움을 샀다고 말할 수 있다.

들떠서 사는 인간을 가라앉힐 사람은 없다.

그럴 때면 사람들은 고통이 올 때마다 모여서 기도하는 곳으로 향한다. 신이라는 존재를 밖에서 찾으려고 하는 마음이 세뇌되어 있어서 기도한다 한들 조금은 위로가 된 듯하지만, 시대의 변화는 어김없이 진행되고 있다.

사람의 마음이 순간순간 변하는 것은 자신이 결코 손해 보지 않으려는 계산이 철저하게 되어 있기 때문이다.

그러기에 세상에는 진실이 사라져 버린 것이다.

종교가 나서서 사람들이 마음을 바꾸려고 하지만 종교도 이 세상과 인간은 바꿀 수 없다.

그저 종교라는 이름으로만 존재할 뿐이다.

서로 간의 얼굴만 봐도 마음이 살아날 수 있는 영이 자신들 안에 있지만, 우선은 나 자신부터 챙기기에 바쁘다 보니까 남을 돌아볼 여유조차도 없다.

자신의 마음이 닫혀 있으니 자신도 남도 볼 수가 없다.

자신도 보지 못하면서 듣기 좋은 말로 남을 가르치면서 본인을 나타내려 하는 이기적인 사람을 말한다.

진실이 없는 서로 간의 관계는 얼마 가지 못한다는 것을 알면서도 고쳐지지 않고 계속되고 있고 사랑하는 사람까지 속여 가면서 본인의 욕구를 채워 사는 사람.

세상은 변하고 있는데 인간은 살아왔던 방식 그대로 살아가고 있다.

익숙한 방법이 편하니까 물질에 대한 욕구만 커지고, 거짓을 진실로 포장하면서 물질 앞에 진실도 우정도 사랑까지도 저버릴 수 있는 게 인간이다.

종교도 일단은 물질로 인증을 해야 한다.

물질 때문에 가족과 친구 관계까지 어긋나는 일이 많이 생기는 건 오염된 자신들의 마음을 볼 줄 모르고 남의 탓으로 돌리기에 익숙해져 있는 것이다. 오염된 마음들이 공해가 되어서 자연의 뜻을 어기고 병들게 하고 있지 않나 하고 생각을 깊게 해 볼 필요가 있다.

모두가 큰 것을 보지 못하고 작은 것에 치우쳐 생명 있는 것들을 시들게 하는 것이다.

어설픈 지식의 힘이 한몫하는 것도 있겠지만 종교인들은 참 이기적이다.

종교라는 곳의 가족이 되다 보면 남의 말을 들을 필요가 없고, 내세우는 것은 오로지 영혼의 구원자라는 하느님뿐이다.

그들이 존재한다고 믿는 하느님은 여러모로 피곤해서 지쳐 있을 법도 하다. 종교인들 역시 신에게 계속 조르다 지쳐 있을지도 모른다.

사람들 스스로가 덕을 세우지 못하면서 그들은 하느님만 이유 없는 만사형통으로 믿고 있는 것이다.

사람으로부터 상처받은 사람들.

상처받았다는 사람만 있고 상처 준 사람은 없다고 말하는 세상이다.

이 모든 문제가 모두 욕심에서 나온 독이다. 사람들은 욕심이라는 마법에 걸려 있는 것이다. 이 마법이 풀어지는 날 자연과 지구 인간들이 활짝 핀 꽃송이들처럼 새로운 생명을 되찾을 것으로 믿는다.

마법을 푸는 방법은 간단하다.

먼저 자신을 찾는 작업을 해야 한다.

쉬우면서도 어려울 것 같지만 절대로 어려운 건 없다.

어려운 문제 뒤에는 분명 답이 있고 종교인과 비종교인의 구별도 없다. 자신에 집중해서 마음을 사랑으로 관찰하게 되면 완벽함을 누릴 때가 올 것이다.

이것이 살아 있는 생활이고 자신의 존재를 실감하면서 귀한 생명을 살릴 수 있는 능력의 에너지를 체험하게 될 것이다.

자신의 존재를 확실하게 인정하면서 세상 잡동사니에 사로잡히지 말고 먼저 주는 자가 되어 보자.

세상에 미련이 많은 사람은 세상과 더불어 즐기다가 나중에는 후회하는 일이 없었으면 한다.

빛이 커지면 어둠은 작아지다가 없어지듯이 자신 안에 함께하는 신과 더불어 기쁨과 평안 그리고 행복을 누리며 사는 게 생명이고 빛이고 진리이다.

자신이 먼저 깨어나고 살아나야 남에게도 나눌 수 있다.

종교가 줄 수 없는 기적 같은 사실이다. 어느 때까지 구원이 없는 종교에 의지하고 매달릴 수는 없다. 스스로 부처나 예수처럼 깨닫고 이루어야 내 할 일이 있는 것이다. 남을 볼 것도 없다.

예수나 부처도 사람으로 태어나 깨달아 신성으로 변했듯이 누구나 깨닫게 되면 신성으로 거듭날 수가 있다.

진실이 사라지고 사랑이 변질된 세상에서는 쉽게 적응하게 되면서 어느 누구도 잘못된 것은 본인 탓으로 생각하지 않고 세상 탓, 남의 탓으로 돌려 버린다.

사람이 만든 법 속에서 힘들게 살아가는 습관이 되어 그대로 가고 있는 중이다.

요란한 정보 속에서 나를 찾는다는 게 점점 멀어지지만 정신을 차리지 않으면 사람은 언제 어떻게 될지 아무도 모른다.

항상 나 자신을 위해서 기도하는 마음으로 깨어 있어야 한다.

종교도 인간이 만든 것이기 때문에 십계명을 지키지 않는다고 해서 죄의식을 느낄 필요도 없고 자신 안에서 저절로 십계명은 지켜지게 되어 있다.

있지도 않은 천국에서 인간은 왜 신을 필요로 할까?

한 예를 들어 보기로 한다.

한 집에서 가족 모두가 기독교를 믿고 있었다.

나름대로 은사도 받고 완벽한 기독교 가정이었다.

그런데 이 가족은 더욱더 잘 믿어 보려는 마음에서 은혜가 많은 곳을 찾다가 어느 교회에 가족이 모두 올인하게 되었다.

열심히 다니다 보니까 처음과는 달리 그곳도 역시 빈부귀천이 분명하게 있었고 높고 낮음의 차별이 눈에 띄게 보이기 시작했다.

그러다 보니까 자식들 간에도 스트레스를 받은 몇은 그곳에 발길을 끊었고 형제자매였던 그들은 왕래도 하지 않고 연락도 거의 끊다시피 하여 남처럼 되어 버렸다.

이렇게 갈라지기 전에는 부모에게 관심을 주었던 자식들이었지만 하느님보다 그 누구도 더 사랑하면 안 된다는 그들의 말을 무조건 믿고 따른 결과는 부모에게도 소홀하게 되었다.

종교 지도자들의 말을 무조건 따르는 게 믿음인 양 마음들은 돌처럼 굳어져서 본인이 옳다고 믿는 것 외에는 받아들이지를 않았다.

또한, 남을 돕는 일에는 겉모습으로만 할 뿐 속마음은 인색하기 그지없고 그저 본인들이 믿고 있는 종교에 빠져 완전 중증 상태가 되어 버렸다.

그들의 부모는 자식들이 하나가 되어 좋아지는 모습을 보지 못하고 돌아가셨지만 과연 누가 이렇게 만들어 놓았는지 생각해 보자.

각자가 믿고 있는 신들이 시켰을까?

종교 지도자들의 책임도 한몫을 한다고 생각한다.

이런 경우들을 보면 종교의 끝은 무엇일까?

그 후 종교 비슷한 단체로 간 그 가족 중 하나는 본인의 앞가림도 할 수 없는 처지에서 남의 것을 가지고 인심 쓰는, 어느 한 단체에서 돈을 내고 지도자가 되어 사람들에게 영적인 공부라는 걸 가르치고 있다.

그에게 가정이나 가족은 안중에도 없으니 가정은 당연히 파탄이 나고 가족도 모두 흩어져 버린 상태가 되어 버렸다.

종교는 사람을 불러 모으고 튼튼한 요새를 만들어 가는 데 최선을 다해서 전도하고 신도들을 관리하고 있다.

이것이 신을 만나는 방법이고 신이 원하는 일인가?

종교 지도자들도 진정한 사랑과 깨달음을 얻어 신을 만났으면 하는 간절한 바람이다.

멀쩡한 사람들의 마음을 세뇌하고 아프게 해서는 안 된다고 생각한다.

현실에서도 돈을 신으로 모시고 사는 사람은 내 것만 소중하고 남의 것까지 막 끌어당겨 써도 양심의 가책을 전혀 못 느끼는 사람.

이런 사람들이 있어서 세상은 병들어 가고 있다.

종교인이나 비종교인이나 이런 마음은 당장은 본인한테 이익이 있을지 모르겠지만 이런 사람도 언젠가는 상대의 마음을 바라보며 배려로 베푸는 마음으로 바뀌었으면 한다.

종교 단체를 위해서 그 어떤 것도 희생이 되어서는 안 된다는 생각이다.

기독교를 믿는 자매처럼 너무 독선적이고 남과 타협도 잘 되지 않아 외로움과 친구가 되어 살아가고 있는 모습이 안타까울 뿐이다. 종교가 낳은 결과물이 아닐까 하는 생각이 든다.

며느리들이 마음에 들지 않았는지 이혼까지 시켜 버리고 부모 살아생전에 제대로 믿음 생활 못 한다고 질책을 하면서 하느님을 내세우며 책망 기도를 해 주는 것도 축복으로 알고 감사해야 복을 받는 거라고 말해 주는 것이 효도의 전부였다.

그 부모가 남몰래 흘렸던 눈물의 의미는 무엇이었을까.

종교라는 것이 좋아지는 부분도 있지만 이렇게 서로를 떼어 놓고 갈라놓는 역할을 한다는 것도 알게 되었다.

이래서 정신세계에 있는 사람들은 순간 얻어지는 평안함과 위로에 빠져 버리는 것이다.

지도자라는 대부분의 사람은 상대가 어떤 말을 듣기 원하는지 단번에 알아차리는 고수들이다.

무속인들이 하는 말도 거의 비슷하다.

찾아오는 사람들의 문제점 대부분이 돈 문제, 자식 문제, 남편 문제, 출세 문제이기에 그중 한 가지를 짚어 준다는 것이다.

그래서 마음이 허기진 사람들이 모여들면서 정신세계의 세력이 커지고 종교는 명예와 부 그리고 사람을 얻게 된다.

세상에서 이렇게 매력 있는 사업이 또 어디 있겠는가?

일종의 정신세계는 마약과 같아서 한번 빠지면 나오기가 불가능하다는 것이다.

사람들은 진리보다 나중엔 사람에게 빠지게 되고 의지하게 되며 한 번이라도 더 관심을 받고 싶어서 야단들이다.

해결하려던 마음의 문제들은 재고로 남겨 둔 채로 기다린다는 것이다.

정신(영)세계는 배워서 가는 게 아닌 본인 혼자서도 스스로 깨달음을 얻을 수 있는 능력이 있지만 그걸 믿기가 어렵다는 게 문제다.

이익을 위해서 하는 종교 지도자가 영적인 능력이 많다는 그런 함정에 빠지면 안 된다.

특히, 영적인 리더라는 사람들은 진리라는 말을 할 때 MSG를 뿌린 만들어진 감정으로 사람들의 공감을 사고 그들의 감정까지 주관하는 포장된 리더가 되지 않았으면 한다.

자신을 냉철하게 바라볼 줄 안다면 상대방의 마음을 이용하려 들지 않을 것이다.

상대방 마음이 불편해도 알아차리지 못하는 정도면 자신을 몰라도 한참 모르는 사람이고 이런 사람들은 마음의 부끄러움을 알지 못한 채 남의 영혼까지 멍들게 하는 걸 알면서도 고쳐지지 않는 사람이다.

불안정한 현실 속에서 마음의 안정을 찾기란 쉽지 않지만 그래도 자신과의 연결과 대화로 모든 사람의 마음이 열리기를 원하는 기도가 바른길로 인도하는 통로가 아닐까 생각한다.

자신이 끊임없이 숨을 쉴 수 있다는 고마움을 알듯이 나를 알아가는 지혜가 열리고 상처를 받고 있는 남들의 마음까지 치유가 되도록 대가 없이 나누어 주는 마음이 세상을 살아가는 이유가 되었으면 한다.

마음을 닦았다는 사람들, 내면은 이기적이고 퍼 주는 듯해도 이익이 없으면 속마음은 냉정해지는 사람들에게 지혜로 잘 분별하여 상처받지 않기를 바랄 뿐이다.

영적 지도자라 하는 그들 중에도 말과 행동, 겉과 속이 다른 지도자들도 적지만은 않다고 본다.

모든 사람이 변해야 하는 이유 중 하나는 거짓 앞에 마음을 다친 사람들이 얼마나 많은지, 종교가 사람을 구원하지 못하기에 스스로 변화해야 하며 나 자신을 뛰어넘을 수 있는 예수와 부처가 남기고 간 진리가 있지 않은가.

그래야만 나도 살고 남도 같이 살아날 수 있도록 마음을 열어 주는 사람이 세상을 바꾸게 되는 진정한 리더가 아닐까 한다.

기도, 묵상은 어려운 게 아니다.

이름 자체가 신비감이 있어서 가까이하기에 망설이게 되지만 마음만 집중하면 편안한 방법이다.

자신을 살피는 방법이 습관이 되어 있지 않아서 이제껏 느끼지 못했던 것들이 마음에서 알게 되기 시작한다.

사람에 따라서 다르게 느껴지기도 하지만 결국은 모두가 같고 통하게 되어 있다.

유명한 사람들 말을 들어야 확신을 얻는 사람도 있지만 자신 스스로도 얼마든지 영적인 만족을 얻을 수 있는 건 인간에게는 태어날 때부터 주어진 선물이 있어서 가능하다.

고급스럽고 세련되어 보이는 말들은 순간의 만족감만 느낄 뿐이다.

지금의 종교들은 사람을 끌어모으려는 방법으로 이벤트 행사도 적지 않게 하고 있는 모양이다.

세상과 인간관계에서 지친 사람들에게 희망적인 메시지를 전달해 주고 그들의 마음을 알아줄 때, 위로받고 싶고 인정받고 싶은 게 인간의 본능이어서 종교로 향하게 되지만 모든 문제는 이들이 해결해 주지 않는다.

자신을 구원하고 천국을 갈 거라고 알고 있는 사람도 많이 있겠지만 잘 분별하기를 바랄 뿐이다.

사람은 깊은 의식에 빠지면 비슷한 경험을 한다.

기도나 명상, 묵상, 여기에 몰입할 때 나타나는 현상이라는 것은 특별한 사람만이 그런 체험을 하는 건 아니다.

꼭 교회에 가고 절에 간다고 해서 얻어지는 건 아니고 그런 경험 자체도 대단한 건 아니다.

사람이 살아가는 데 자신을 볼 줄 알고 깨닫는 거 이상 중요한 게 없듯이 아무리 똑똑하고 잘난 사람도 자신을 볼 줄 모르면 남들에게 감동을 주지 못한다.

정신세계 지도자들은 부분적인 체험을 영업용으로 평생 우려먹을 수 있는 재료로 삼아 작은 것으로 큰 것을 취하려 한다.

사람만 보고 믿어 온 사람들은 실망도 당연히 따르게 되어 있다.

이런 경우는 어떠한가.

목사의 집을 팔려고 내놓았는데 집 자체에 아무런 하자가 없다고 하니까 다른 사람도 아닌 목사가 그렇게 말하는데 믿지 않을 수가 없었다.

그 집은 팔렸지만 그해에 장마가 오니까 집 여러 곳에서 물이 새고 세입자들이 방을 뺀다는 일이 발생해서 목사에게 얘기하니까 되려 그게 무슨 문제냐고 이미 팔았는데 알아서 고쳐 살라고 하면서 피해 버리니 집을 산 사람은 많은 돈을 들여 집을 수리를 한 것이다.

목사라는 사람이 거짓말까지 하면서 본인의 책임을 회피해 버린 것이다.

더욱 황당한 것은 절대로 화를 내지 않고 목사다운 거룩하고 조용한 음성으로 말하는데 상대방을 맘껏 조롱하는 태도라고 보면 된다.

인간의 이기적인 마음이 이렇듯이 그러한 마음들이 쌓여 재앙을 불러오고 나아가서는 지구와 자연 온도까지 얼어붙게 하는 게 아닌가 싶다.

가면 갈수록 크고 작은 재앙을 피해 갈 방법은 한계점에 다다른 거라고 보고 그동안 인간들이 어떻게 살아왔는지 평가를 받을 기회가 오지 않을까 하는 생각이 든다.

더는 지치게 살지 말아야 한다.

사람 관계에서 스트레스를 받고 거기에 종교까지 자신을 흔들고 있지는 않은지 생각해 보자.

좋아서 하는 일과 어쩔 수 없이 하는 일이 있다.

힘들다 하면서도 남을 의식해서 또는 자신의 공로를 내세우고자 본인이 모든 걸 해야 하고 본인이 아니면 안 되고 또한 남을 위하고 단체를 위한다 해서 힘든 모습을 남에게 보여 주면서까지 일을 혼자서만 하려는 사람이 있다.

그 이유는 뭘까?

그것은 남들에게 더 크게 인정받으려는 마음일 거라고 본다.

적당하게 내려놓을 줄도 알고 부족하게 보여도 주변 사람들과 함께 가는 게 현명한 방법이 아닐까 한다.

본인의 의견만 내세우는 욕심, 좋은 일을 많이 하고 있다고 나타내는 공로도 그리 대단해 보이지는 않는다.

혼자만 하려는 욕심이지, 물질에 집착하는 것만이 욕심이 아니다.

이런 사람에게서는 향기가 나지 않는다.

자신의 공로를 내세우는 사람이 아닌 좀 더 안정되고 편안한 마음으로 신의 마음을 닮아 가는 여유가 있는 사람이 더 보기가 좋다.

앞으로 오는 세상은 사람 보기도 힘들어지고 반기계적인 사람이 사는 세상으로 변할지도 모른다.

인간이 원하는 이상적인 세계가 오기 전까지는 위로와 평안함이 있는 종교가 필요했겠지만 말 잘 듣는 가상 인간 AI 시대에는 종교의 유효기간도 생각해 볼 필요가 있다.

시대에 맞게 익숙해져 가는 인간들의 모습으로 되어 가고 있는 세상에서 그동안 종교가 다루었던 영성과 구원은 어떤 의미가 될 것인가?

인연이 되었던 종교와의 연결 고리가 끊어져야 비로소 자신을 만날 수가 있다.

부활과 구원 그리고, 천국이 이 세상에서 실현된다는 예언이 지금부터 시작이 아닐까 한다.

이번에 찾아온 코로나바이러스는 시작에 불과하다.

앞으로 인간은 재앙으로, 질병으로 죽어 가고 그냥도, 죽는다.

지구에 남은 인간은 아주 적은 숫자가 될 것이다.

그동안은 인간이 하고자 하는 모든 일은 인간을 위해서만 해 왔기 때문에 자연 생태계는 조금씩 망가져 가고 있었다.

감지했다 하면서도 인간의 편리함이 우선이었기 때문에 지구 곳곳에서 원하지 않는 무서운 일들이 계속 일어나고 있는 것이다.

끝까지 살아남을 자격이 있는 사람은 자연의 뜻을 알고 정직한 자연의 마음으로 돌아가 자신의 모든 생각을 넘어설 수 있는 마음을 가진 사람이라고 생각한다.

종교가 세상을 바꾼다는 것은 상상 속에서만 가능한 일이다.

자연도 곧 신이다.

욕심과 집착으로 가득 찬 세상에서 인간은 태어나면서부터 보고 배운 게 눈앞에 보이는 현실이 전부가 되어 살게 되고 누군가를 위해 책임을 져야 하는 현실 앞에서 본인이 꿈꾸었던 삶은 꿈으로 끝나 버리곤 한다.

앞으로 오는 새로운 현실에서는 스스로 변화하지 않으면 살아남을 방법이 없다.

자연이 모든 것을 품어 왔듯이 인간도 자연을 품을 수 있는 마음으로 바뀌어야 한다.

나 자신과 진실하게 만나 본 적이 없었기 때문에 자신을 사랑하지 못했고 그 부족한 욕구를 물질과 인간에게서 채워 보려고 노력했지만, 그것도 만족을 가져다주지 못했다.

상처받고 슬퍼했던 마음을 위로하고 어루만져 더 이상의 방황을 하지 않도록 자신을 알고 나면 자신의 존재가 향기로워지고 사랑스러운 존재로 태어나는 걸 느끼게 되며 자신이 달라지면서 세상을 보는 눈도 살아가는 것도 모두가 향기 나는 삶으로 가득 채워질 것이다.

물질이라는 것도 혼자서 소유하는 것이 아닌 나누고 살라는 뜻이 있지만, 자신이 열심히 일한 대가라 해서 영원히 내 것이고 나만 위해서 사는 사람들이 많을수록 마음을 나누고 살기가 쉽지 않다.

소유하려는 마음에서 병이 오고 좋지 않은 문제들에 휩싸이기도 한다.

사람은 만족할 만한 성취를 얻기 위해서 끊임없이 계획하고 노력을 멈추지 않을뿐더러 자신을 최고의 상품으로 만들어 사람들에게 나타냄으로써 자신의 존재를 인정받고 삶의 보람을 느끼면서 살고 싶어 한다.

물질과 권력이 자신을 더욱 튼튼하게 지켜 줄 거라고 생각하면서 눈으로 귀로 보고 듣고 자극받는 수단이 일상에서 인간의 인생이 되어 버린 것이다.

현실의 세계에 모든 걸 다 걸고 숨이 차도록 가고 있는 마음들을 잠시라도 멈추어 숨을 가다듬고 조용하게 쉬는 숨이 필요한 때인 것 같다.

인간의 욕구 중 인정받고 싶은 마음이 제일 우선으로 보이고 그다음은 소유의 욕구로 끝없는 욕망이 이어지는데 아마 천국을 가진다고 해도 천국 이상의 것을 더 가지고 싶어서 하는 게 인간의 욕심이고 집착일 것이다.

마음의 오염이 재앙을 부르는 결과를 낳고 결국에는 모든 것이

처음 제자리를 찾아가는 순리 앞에 인간은 무릎을 꿇게 되어 있다고 해도 본인의 생각이 먼저가 되어 직진만을 고집할 것으로 보인다.

거짓과 죄악이 인간에게서 나와 세상에서 사용되고 있는데도 죄악의 양이 많고 적음을 따지면서 판단하며 현명하다는 결론으로 문제를 매듭짓곤 한다.

누군가는 상처받고 또, 상처를 남기게 되는 죄악 속에서 정의와 선이라는 것은 사라질지도 모른다.

인간을 조여 오는 세상의 문제들은 끝이 없이 나타나고 모두가 갈 길을 잃어버린 지 오래된 것은 사실이다.

너무 멀리 와 버렸기 때문에 돌파구를 찾는다는 것도 세상 속에서 찾는다 한들 무엇을 어떻게 찾아낼지 알 수가 없다.

이리저리 쏠리면서 욕망덩어리만 커져 공처럼 생긴 지구가 금이 가고 있을지도 모른다.

머지않아 깨져 버릴지도 모르는 지구가 그동안 참아 준 것에 대해 최소한 미안하고 감사하는 마음을 인간들은 가져야 하지 않을까?

세상을 이용만 하면서 사는 인간들도 결국은 세상을 이기지는 못할 것이다.

그런데도 밤하늘의 별들은 변함없이 빛나고 있고 태양은 온 세상을 비추고 있기에 자신부터 바로 보고 인간을 사랑하며 사랑받는 시대를 기대해 보는 유일한 희망은 살아 있다고 생각한다.

기도는 내면의 힘을 강하게 만들어 주고 모든 걸 주관하는 힘을 가지고 있어서 자신을 컨트롤하는 무기는 역시 기도나 명상 그리고 묵상이라고 생각한다.

허공에 하는 기도가 아닌 자신 속에 있는 나와 간절하게 대화하는 기도는 영적인 영역까지 다가가서 원하고 구했던 문제가 스스로 풀리기도 한다.

엄청난 에너지를 가진 기도의 힘은 자신의 몸을 건강하게 하는 관찰력과 기적을 일으키기도 한다.

세상은 빠르게 변하고 있지만, 인간을 위해서라기보다는 과학의 힘을 과시하고 싶은 욕망과 인간의 야망이 일부에게는 만족을 줄지 모르지만 다른 많은 사람에게는 고통으로 다가올지도 모른다.

사람을 만족하게 하는 것은 과학기술이 전부는 아니다.

과학의 발달로 언젠가는 지구와 인간의 감성까지 정복하는 시대가 곧 오리라고 생각한다.

재앙이란 질병만이 아닌 사람과 물, 불 그리고 사고 등 많은 것이 다가올 수 있는데도 현실에 빠져 깨닫지 못하고 지나고 나면 곧 잊어버리고 만다.

변해 가고 있는 세상을 어느 누구도 멈추게 할 수 없듯이 자신들의 마음을 찾을 때가 왔다는 것을 알아차려서 지구촌의 자연정화와 인류의 정신을 이끌고 나갈 새로운 에너지가 함께하는 나라가 분명 생겨날 것으로 생각된다.

악한 모든 것이 사라진 정신적인 선도국이 미래로 다가오고 정신적인 평온과 내 것에 대한 소유와 구속된 세상살이에서 자유를 누리고 천국과 지옥의 분별이 사라진 인간들이 바랐던 이상적인 세상이 다가오리라 믿는다.

신은 죽었다고도 하고 또는 없다고도 하는 말이 있듯이 진정한 신은 바로 나 자신이라는 걸 믿는 게 신을 만나는 방법이고 축복이다.

과학기술이 발전하고 세상은 변해도 인간의 감성은 영원하게 지속될 것이다.

과학 발전의 끝이 어디까지인지는 모르지만 모든 인류를 위한 것인지 아니면 일부 사람들에게만 주어지는 특권이 될지는 알 수가 없다.

인간에게 주어진 사랑은 어느 것도 침범할 수 없는 영역이기에 이것만큼은 영원하리라 믿는다. 사랑으로 하나가 되는 조화로운 에너지를 대물림할 수 있도록 변화되는 세상을 간절히 바랄 뿐이다.

어둠과 빛은 눈에 보이게 확실하게 구별이 되지만 사람의 마음속에 있는 선과 악은 보이지 않아서 알 수 없는 게 이 부분이다.

사람 관계에서도 이용하고 이용당하는 일들로 상처받고 고통을 안고 살면서 마음의 방황을 하는 사람들이 많아지고 있는 현실이다.

마음과 행동이 바뀌지 않는 생활을 해 온 결과가 사회를 오염시키며 무서운 사건과 사고를 모시고 온 거로 생각한다.

오염은 또 다른 오염을 낳고 있어서 좀 더 멀리 보고 마음을 다스리는 힘을 기르는 것도 필요하다.

모든 질병과 재앙을 치유하는 바이러스는 인간의 마음속에 있으므로 인간을 통해서 모든 것이 가능해진다는 생각이다.

마음을 치유하는 사랑과 생명의 에너지 바이러스를 충분히 활용해서 모든 것을 새롭게 살려 내고 마음을 치유하는 닥터들이 되는 게 먼저가 아닌가 한다.

빠르게만 달리면서 살아왔기 때문에 실수도 잦았고 많이 아프

기도 하고 또한 주변 사람들에게 피해를 주지 않았나 곰곰이 생각하면서 어제와 다른 나로서 자기 자신에게 인정받을 수 있는 사람이 되면 스트레스로 힘들게 살았던 마음도 사라지고 자신의 마음에서 좋은 말과 행동으로 인생을 바꾸고 사는 것이 세상을 밝게 만드는 방법이기도 하다.

생활 속에서 먼저 살펴볼 필요가 있는 것은 먹는 음식도 시각적인 효과를 내기 위해서 너무 과장되게 기교를 부리고 있지 않나 하는 생각이 든다.

보기 좋고 맛있는 메뉴 하나를 만들 때도 많은 재료와 수고가 들어가고 그것을 즐겨 찾는 사람들의 만족을 채워 주기 위해서 음식을 만들어 내고 있는데 우리가 정작 잃은 부분도 있다는 걸 생각해 봐야 한다.

얻는 것보다 잃어버리는 것이 많다는 것을 알면 자연에 대한 배려심과 생활에서 절제할 줄 아는 마음을 실천해 나가는 게 먼저인 것 같다.

세상의 주인은 나다.

내 선택에 따라 왕이 될 수도 있고 하인이 될 수도 있다.

착한 사람이 될 수도 있고 악한 사람이 될 수도 있다.

내 안에 모든 게 다 들어 있는 주인으로서 귀한 그릇으로 신령스러운 영혼으로 바꾸어 보자.

설익은 사람들은 열정이 넘치지만 다 익은 사람은 열정이 없다.

완벽하고 부드럽게 다 익었으니 나눔의 열정만 있을 뿐이다.

내 앞에 쌓아 두었던 부와 명예.

바람이 불고 눈비가 와서 그것들을 흔들어 다른 주소로 이동을 시킨다.

끝까지 붙잡아 두려고 했지만 부질없는 짓.

주변이 다치고 마음에 큰 상처만 남는 것.

영원히 내 소유라는 게 어디 있어?

인간은 자신을 나타내고자 하는 욕망이 있어서 항상 마음은 세상을 향해서 욕망의 꿈을 꾼다.

그 꿈은 본인이 살아 있다는 걸 의미하기도 하지만 늘 지쳐 있어서 쉬고 싶어도 숨 한번 제대로 쉬지 못하고 살아간다.

스스로 자신에게 힘을 주고 또한 영혼까지 치유할 수 있다는 것은 제대로 숨을 쉬어 주는 것이다.

생명을 가진 모든 것은 숨을 쉰다. 그냥 저절로 쉬는 숨 같지만 숨을 쉰다는 건 축복이고 생명이고 사랑이다. 생명의 근원인 마음의 호흡을 통해서 진리가 근본이 되는 세상이 되었으면 한다.

인간처럼 위대한 존재는 없다.

숨을 통해서 생명을 느끼고 긴장된 몸과 마음이 풀어지도록 안정을 되찾아 보자.

현실을 바꾸어 가는 게 진정한 꿈이다.

내가 사는 지구에는 사계절이 있고 계절마다 인간을 위한 선물이 가득한데 자연에 대한 감사와 예의를 얼마나 느끼면서 살고 있는지 생각해 보자.

빠르게 변화하고 있는 세상 속에서 숨이 가쁘도록 나를 맞추어 가는 것보다 내가 변화를 만드는 사람이 되어서 작은 것에서부터 기적을 만들어 내는 역할을 해내는 주인공들이 되었으면 한다.

파이팅.

부활도 나 자신 속에서 찾아야 한다.

죽어도 다시 살아난다는 부활.

그것은 소망에 불과할 뿐이다.

이 시대가 가면 또 다른 시대가 오듯이 사람도 마찬가지다.

눈부신 변화의 시대에 살고 있지만 앞으로는 더 큰 변화를 만들어 내는 사람들이 나타날 것이다.

죽어 가는 환자를 살려 내는 것도 의사 손에 달려 있듯이 머지 않아 맞이하게 될 새로운 세상에서는 인간의 생명 연장, 영생까지도 인간의 손에 달려 있다고 본다.

즉, 구원과 영생, 모두가 인간에 의해 창조되는 세상이 올 것이다.

신들의 세상이 오고 있으니까.

지금까지 인간이 풀지 못한 문제들은 모두 신의 뜻으로만 알고 살아왔지만 앞으로는 상상했던 그 이상의 세상이 펼쳐져 모든 것이 이루어지는 단계로 가고 있다는 걸 믿어 의심치 않는다.

이 글을 쓸 수 있는 용기와 자신감을 갖게 해 준 나 자신에게 수고했다는 말을 해 주고 싶다.

과학이 만들 수 없는 행복을 사람은 만들 수 있다.

살아오면서 지금까지 쌓아 왔던 것들.

그것이 무엇이든 간에 잠시 내려놓고 천천히 숨을 쉬면서 내 안에 있는 나에게 집중해 보자.

새로운 내가 보이고 새로운 세상이 보인다.

종교라는 문중에서 과감하게 뛰쳐나와야 자신과의 만남이 시작된다.

바로 신과의 미팅이다.

Nothing

1판 1쇄 발행 2024년 4월 12일

저자 이솔

교정 주현강 **편집** 윤혜린 **마케팅·지원** 김혜지

펴낸곳 (주)하움출판사 **펴낸이** 문현광

이메일 haum1000@naver.com **홈페이지** haum.kr
블로그 blog.naver.com/haum1000 **인스타그램** @haum1007

ISBN 979-11-6440-565-7 (03200)